成功する会社はなぜ「写真」を大事にするのか

一枚の写真が企業の運命を決める

大谷和利

講談社

◉ 目次

第2章 中国の女優はなぜ海外で人気があるのか

第3章 群れから抜け出した会社のビジュアル戦略

はじめに　ビジュアルを制する者はビジネスを制す

サッカーW杯を使ったソニーのマーケティング

４年に一度行われるＦＩＦＡ（国際サッカー連盟）ワールドカップ。それは、世界中のサッカーマニアはもちろん、にわかファンも含めて、オリンピックをも超えるテレビの視聴率を叩き出す、サッカー界の頂点をめぐる戦いだ。

同時にそこは、ワールドクラスの企業が自社ブランディングのための広告戦略でしのぎを削る、一大ステージでもある。

当然ながら、試合の名場面を写した写真は厳格に管理され、権利者にライセンス料を支払わなければ、利用することができない。

しかし、なぜか地球上には、ＦＩＦＡ各大会の迫力あるシーンを、使用料を払わずに掲載している新聞や雑誌が数多く存在する。もちろん違法行為ではなく、正当な方法で入手したものだ。その秘密は、構図の中にさりげなく、しかしはっきりと写っている「ＳＯＮＹ」の文字にある。

ソニーはＦＩＦＡのオフィシャルスポンサーの中でも最高位に位置する「ＦＩＦＡパートナー」６社のうち、「デジタルライフ」分野の企業として契約している。総額約３３０億円のスポンサー料と引き換えに、２００７年から８年間にわたり、ワールドカップの競技場の広告ボードなどで「ＳＯＮＹ」のロゴを使用する権利を得た。そして、各国の報道機関に対して、ロゴが写った試合写真を無償で配布したのである。

この仕組みを利用することで、予算の限られた報道機関でも、人気の高いＦＩＦＡ関連の写真を掲載することができる。一方でソニーは、世界各地のマスメディアを通じて、自社の存在感を高められる。まさに、双方にとってメリットのあるイメージ活用法だ。

ソニーはなぜ、このようなマーケティング手法を採ったのだろうか？

それは、「グローバルなブランディングにはインパクトのある優れたビジュアルが不可欠だ」ということを知っているからに他ならない。

非常識を常識に変えたアップル社

そのソニーと並んで日本が世界に誇る企業の一つが本田技研工業（ホンダ）だ。創業者の故・本田宗一郎氏は、型破りなチャレンジ精神で知られていた。本田氏は、「常識」に関して三つの概念があると説いた。

一つめは「不常識」。これは、やってはいけないことや人の道に反する行いを指し、ここに足を踏み入れてはならないとした。

二つめは「常識」。これに従っていれば、とりあえず安泰で、人並みの業績は挙げられよう。しかし、その枠内で発想する限り、抜きん出た存在になることもできないと本田氏は考えた。

そして、三つめは「非常識」。本田氏にとって、これは常識を否定するものではなく、常識を超える概念であり、定石のような方法論に従わないことを意味していた。「非常識な考え方に基づいて戦略を立て、経営を行うことが重要である」というのが氏の持論であった。

近年、このポジティブな意味での「非常識」な戦略で次々とヒット商品を生み出し、世界一の時価総額を誇る企業となったのが、ｉＰｈｏｎｅやｉＰａｄで知られるアメリカのアップル社だ。同社は、製品のみならず、ビジュアルの使い方においても非常識さを貫いた。

１９９０年代の末に、他社が利用時の姿を想定して、コンピュータ本体の上にディスプレイを置き、その手前にキーボードやマウスを配した平凡な広告写真を使っていた中、アップルのビジュアルは、自社製品をアート作品のように扱った。本体にキーボードを立てかけ、そこからマウスのケーブルを垂らしたコントラストの強い写真は、見る人々に強い印象を残し、それ以降、追従する広告が相次いだ。

かと思えば、同社はDVDの編集ソフトを発表するデモにおいて、プロが用意した編集素材を使わずに、すべて社員の撮影によるデータでまとめたこともある（第1章で詳述）。そういうとき、一般のメーカーでは、ここぞとばかりに専門のプロダクションに依頼して、素晴らしいプロモーション用映像を準備するのが常識だった。これに対してアップル社は、「自社のDVDソフトを使えばアマチュアのビデオでも立派な作品として仕上げられる」というリアリティを何よりも大切にしたのだ。

このように、目的に応じて既成概念に捉われないビジュアルの利用を推し進めたことは、アップル社がブランドを再構築し、どん底の経営状態から立ち直る上で重要な役割を果たした。

なぜ日本のメディアは良い写真が撮れないのか

日本と欧米の新聞を見比べると、特に写真の数や役割が異なっていることに気がつく。ためしに日本の4大新聞と、「ニューヨーク・タイムズ」「ザ・ガーディアン」「ル・モンド」

ロンドン五輪で柔道の海老沼匡がザグロドニク（ポーランド）に勝った直後を真上から撮った写真

「ワシントン・ポスト」などのオンライン版を比較したところ、ページ構成も異なるが、トップページだけで、前者にはそれぞれ20〜30程度の写真要素しかないのに対し、後者には40〜90と、2倍から3倍の開きが見られた。しかも海外有力紙には、写真に加えて複数の動画を配しているケースもある。

また、前者では「記録としての写真」が目立ち、後者では「ストーリーを語る写真」が多い印象を受ける。日本の新聞記事における写真は、あくまで文章を裏づけるものに留まっているが、海外ではまず写真で事件や出来事を語り、文章がそれを補っていると言ってもよいだろう。

自ずと写真の撮り方も異なっており、外国の読者には、日本の新聞の記録写真的なビジュアルは退屈に感じられてしまうはずだ。

身近な例として、２０１２年のロンドンオリンピックの日本柔道に関する報道で、産経新聞が掲載した写真がある（前ページ参照）。その写真では、真っ赤な競技マットと白い五輪マークの上に、明暗を分けた青と白の道着姿の選手二人が横たわっていた。真上から俯瞰《ふかん》したアングルである。

日本の新聞ではあまり見かけないドラマティックなカットだったが、やはりクレジットには、世界最大級のデジタルメディアカンパニーである「ゲッティ イメージズ」の名前が入っていた。つまり、海外から配信されたビジュアルだったのだ。

日本のメディアに、このような写真は撮りにくい。その理由は、日本の企業がせっかく優れた製品を作っても、世界市場でのプレゼンスが思ったように高まらない原因と共通している。つまり、消費者の情報の受け止め方が異なっているということだ。

海外では、「まずビジュアルで惹きつけ、その後に語るべきことを言葉で表現する」という順序が重要になっている。言葉ばかりに頼るブランディングでは、消費者に理解される前に遠ざけられ、より説得力のあるイメージを提示した者に差をつけられてしまう。

これが世界の主流であり、日本は明らかにその流れに乗り切れずにいる。戦略的なブランディングに用いられる写真は、コピーの文章の補完物ではなく、自らがそのブランドのストーリーを物語るものでなくてはならない。

本書は、グローバルブランディングの鍵となる優れたビジュアルの重要性について、海外取材も含め、多くの事例の取材と考察を交えて書き上げた書籍である。筆者の指摘が、日本企業の世界に向けたビジネス展開を活性化させる一助になれば幸いである。

第1章

日本企業のウェブサイトはなぜお粗末なのか

写真を「添え物」扱いする日本企業

「百聞《ひゃくぶん》は一見《いっけん》に如《し》かず」「論より証拠」など、日本人は「視覚的な情報が言葉や文字よりも的確にメッセージを伝える」という意味を持つことわざを好んで使う。しかし、ことブランディングに関しては、その重要なポイントをどこかに置き忘れてきてしまったのではないかと思うことがある。

たとえば、「百聞は一見に如かず」の出典である漢書《かんじょ》の「趙充国《ちょうじゅうこく》伝」を見てみよう。趙充国は前漢の名将で、70歳を超えてなお、当時の皇帝から「反乱を起こした国に誰を将として送るべきか」と尋ねられたとき、平然と「私を超える者はおりません」と答えた。

まるで、オリンピック男子陸上１００ｍと２００ｍの両方で金メダル２連覇を達成したウサイン・ボルトを思わせる不遜《ふそん》な物言いだが、それに続けて趙充国が口にしたのが、有名な「百聞不如一見、兵難隃度、臣願馳至金城、図上方略」のフレーズである。

すなわち「百回耳で聞くよりも、一度自分の目で見た方が勝ります。前線から遠く離れていては、(自分の目で現場を見られないので)戦略を立てにくいものです。私が急ぎ(反乱地である)金城まで出向き、戦略を奉りましょう」という意味で、もともとは戦いの中から生まれた言葉だった。生きるか死ぬかの戦争において、視覚的な情報の重要さが最もクローズアップされたのだ。

現代のブランディング戦争においても、同じように、視覚的情報はきわめて大切だと言える。ただし、企業はあくまで情報を提供する立場にあり、実際に戦況を見てどこが優勢なのか、その判断を行うのは消費者に他ならない。このとき、相当の自信家かつ百戦錬磨の将であった趙充国にして、言葉や文章だけで正しい決断が覚束《おぼつか》ないとすれば、視覚的なインフォメーションを与えられない一般の消費者が、それ以上に的確な判断を下せるだろうか？

日本では、大企業の公式の発表資料なども、立派な文章で埋め尽くされているだけで、ビジュアルな情報がほとんど、あるいはまったくないケースがよくある。仮に写真などのイメージが配されていても、説明的でおざなりに感じられたりする。あるいは、現代社会で企業の顔として機能するウェブサイトでも、ビジュアル的な要素がないがしろにされている場合は少なくない。本当に「百聞は一見に如かず」という言い回しがよく使われている国の企業なのかと、首を傾げたくなる。

企業のウェブサイトでは、商品ページにスタジオ撮影された小綺麗なカタログ写真が使われていても、会社概要などに移動して代表者の挨拶や施設の紹介を見ると、ビジュアル材料の質のお粗末さのせいで、途端に馬脚をあらわすことがある。それは、美しく飾り付けがなされたデパートで社員専用通路のうら寂しさを見たときのような、残念な光景だ。

もちろん、言葉を尽くして説明すること自体はよい。しかし、それに加えて、経営者の人格を語るポートレートやビジネス哲学を伝える社内風景など、優れた写真が配されているだけで、どれだけ理解が深まることか。もし、そのように感じられないとすれば、写真の力が足りないのである。

日本では、写真が「文章の添え物」として扱われがちだ。だが、グローバルな視野で企業の勢力図を見渡せば、認知度の高いブランドは、必ず消費者に的確なビジュアルイメージを提示して、自らのメッセージを伝え、印象づける工夫を続けてきたことに気がつく。

企業側にそのつもりがなくても、正しいメッセージを伝えられないビジュアルや文字による情報伝達では、あるべきブランドを確立できないばかりか、誤ったイメージを消費者に植えつけかねない。トップブランドは、戦いの中での「一見」の価値を知り尽くしているのである。

すべてのビジネスに通用するKARAの戦略

ブランドに関して、企業は情報を与える側である。とはいえ、独りよがりでブランドを確立できるわけではない。まず、ターゲットとなる消費者に対して、真摯にメッセージを伝えようとす

最初に大量のビジュアル情報を流すことでブランディングを大成功させたKARA

る強い意志が必要だ。

ここで、直近の例として、まったくゼロの状態から日本でのブランドを確立してきたK－POPグループ「KARA」の例を挙げて、考察してみる（資料1）。

KARAは、浮き沈みの激しい芸能界に身を置き、しかも、本国の韓国では必ずしもトップグループではなかった。にもかかわらず、新規参入した日本市場では、ヒットチャート1位に輝き、CMキャラクターの仕事まで獲得してしまうほどの人気者になった。

彼女たちは、当然ながら企業ではないが、短期間で結果を出してブランディングを成功させたモデルケースの縮図と言える。KARAのブランディング戦略の中に、他のビジネスにも通用するエッセンスが見てとれるのだ。

2010年、KARAの所属事務所は、日本版のCDが未発売の状態だったにもかかわらず、来日公演を行った。これは、従来の海外アーティストの国内デビューの手法としてはありえない展開だった。

その背景には、自国だけでは市場規模が小さく、芸能界から家電業界、自動車業界に至るまで「海外市場の攻略」を国家戦略としている韓国独自の事情がある。そのため、大胆とも思えるKARAの日本進出策にも、実は、インターネットの動画共有サイトや公式サイトなどを通じてグループのパフォーマンスやキャラクターを印象づけ、助走の勢いがついたところでライブを行うために本人たちを送り込む、という二段構えの戦術が採られていた。

かつて海外のアーティストは、レコードなどを通じて市場に浸透するきっかけを作り、雑誌のインタビューなどで素顔を語ってから、満を持して来日、というパターンが多かった。これに対してKARAの場合は、まずネットを介して、親しみやすいキャラクターや「ヒップダンス」に象徴されるダンスパフォーマンスなどのビジュアル的な要素を前面に打ち出した。そのビジュアルの強烈なイメージによって若者の興味が臨界点を超えたと見るや、すぐに来日公演を行って、人気を定着させたのである。

もともと韓国は、コンサート会場などでも、来場者による写真撮影や動画撮影への規制が緩いという傾向があった。ブログやユーチューブなどにアップされた「ファンカム」(ファンによるカメラ撮影の意味)と称する非公式の写真やビデオのデータについても、あえて削除要請をしないことが多い。口コミ効果を狙うためだ。

本書でも後述するが、著作物の権利は、それを利用する立場の人間がルールを遵守《じゅんしゅ》しなければならない一方で、提供する側が必要以上に守りの姿勢を固めてしまうと、自らの利益を損ねることがある。「損して得とれ」の教えどおり、何事もバランスを見極めることが重要である。

KARAの成功へのプロセス

話を戻して、その後のKARAは、最初につかんだコアなファン層（変わらない土台）と、新規の浮動的ファン層（入れ替わりながらも拡大する支持基盤）の双方に気を配ることで、人気を集めていった。

その結果、日本でのファーストアルバムがチャート初登場で2位となり、サードシングル「ジェットコースターラブ」でチャート1位を獲得。しかも、このサードシングルの売れ行きは、本国での契約問題に端を発した一時活動休止や日本の東日本大震災の影響などによる、プロモーション不足と発売の遅れを乗り越えての快挙だった。

こうした流れの背後には、本人たちが稼動できないときも、CMやドラマを通じて地道に親近感を維持し、ファンとのコミュニケーションを絶やさなかった努力がある。

また、自国の文化にこだわる韓国のグループでありながら、先のサードシングルは、日本での契約レーベルであるユニバーサルミュージックの主導で企画されている。つまり、自前のリソースだけに固執せず、状況に合わせて効率の良い楽曲制作を行った点も功を奏したのだ。

こう振り返ってみて、ＫＡＲＡのサクセスストーリーは、企業のビジネスと直接的な関係はないように思えるかもしれない。しかし筆者は、彼女たちの成功へのプロセスにこそ、これからの企業のブランディングに求められる必須要件が詰まっていると考える。それらをもう一度まとめてみれば、以下のようになるだろう。

①　まず、キャッチフレーズや楽曲もさることながら、ファンの予備軍（消費者、潜在的ユーザー）に対し、ネットを通じて写真や動画など視覚に訴える情報を先行して提供し、グループ（会社）のコアバリューを強くアピールした。

②　その際には、著作物の権利者として保守的になり過ぎず、割り切ったプロモーション展開を行った。

③　そして、「変わらない要素」と「変わっていく要素」を見極め、その二つをバランスよく維持、拡大していくことに努めた。

④　さらに、本人たちのプロモーション稼動ができない時期にも、視覚メディアを通じて健在ぶりをアピールし、親近感が途切れないことを狙った。

⑤　最後に、自前のリソースにこだわらず、その状況で最も効率的な手段を利用して作品制作を行い、市場に合わせた実績を無駄なく上げた。

この戦略の核にあるのは、スピード感を持って視覚的情報を活用し、臨機応変に周囲のリソースを取り込みながら、ターゲットとの間でコミュニケーションを確立していくブランディング手法である。

本書には、それが形を変えながら何度も登場してくる。なぜなら、ブランドとは、企業と消費者との質の高いコミュニケーションなしには成立しえないものだからだ。

日本人がアラビア語のコンピュータを動かせる理由

２０１２年のロンドンオリンピックでも、さまざまな場面で見かけたピクトグラム（資料２）。「絵文字」「絵単語」とも呼ばれるこの視覚的な記号が、なぜ世界中の公共的な場所（駅、空港、観光スポットなど）で使われているのだろうか？

答えはもうおわかりだと思うが、必要な情報を、年代・性別・国籍を問わず、また言語の制約を受けず、直感的に伝えられるからである。外国人が、相手によらず大げさとも思えるジェスチャーを交えながら話をするのも、元をただせば、聴覚だけでなく視覚にも訴えて、自らの感情を効果的に伝達しようとする意志の表れだ。

日本では、１９６４年の東京オリンピックの際に初めてピクトグラムが開発されたが、その理由も、「外国語（特に英語）によるコミュニケーションをとることができ難い当時の日本人と外国人の間を取り持つため」であった。

現在のコンピュータ操作では、マウスやトラックパッドで矢印形のポインターを動かしてウィンドウ内の情報にアクセスする「ＧＵＩ」（グラフィカル・ユーザー・インターフェース）が常識化している。このＧＵＩと、そこで重要な役割を果たすアイコン（アプリケーションやファイルの内容をシンボル化したグラフィックイメージ）もまた、視覚による直感的、効果的な伝達を狙って生まれたものだ。

ＧＵＩ以前のコンピュータは、コマンドと呼ばれる文字列を暗記し、それをキーボードから打ち込まなければ利用できなかった。情報の表示もテキスト中心で、文章や数字を読みこなして、ようやく内容を理解しなければならなかった。

これに対して、誰もが直感的に使えることを目的に、ゼロックス社のパロアルト研究所が考案したものがＧＵＩであった。ＧＵＩは、アップル社のマッキントッシュ向けＯＳによって完成され、これを手本にしたマイクロソフト社のウィンドウズと共に広く普及した。

大手鉄鋼会社に勤める筆者の知人は、かつて中東に出張した際に、アラビア語で動いていたマッキントッシュで基本的な作業をこなし、現地のスタッフを驚かせたという。彼はアラビア語がまったくできなかったのだが、言語に依存しないアイコンのデザインや、固定化されたメニューの位置から、内容を推測し、日本で自分のマシンを使うのと同じように使いこなすことができたのだ。

マイクロソフト社が提示する「分かり易く、的を得た《（ママ）》提案を行う為の、ビジュアル図解手法」では、その点がわかりやすく説明されている。このマニュアルでは、伝達速度は遅いが確実に伝えられる「文字」や、伝達速度は早いが正確性に欠ける「言葉」に対して、「映像・図形情報」は、その認識が基本的に万人共通であり、一目で概要を伝えられることがメリットとして挙げられているのだ（資料３）。

前述のＫＡＲＡをはじめとする韓国のアイドルやアーティストは、日本以外にも多言語、多文化で構成されるアジア全域をマーケットと見ている。そうした多様性の障壁を克服して市場を攻略するために、言葉に頼らず、ビジュアル的にイメージを浸透させる手法を重要視してきたわけだ。

日本人の識字率の高さが「文字重視」を生んだ

読者の中には、そうしたイメージ活用の重要性をすでに認識されている方も少なくないだろう。あるいは、本書をここまで読み進めて、改めてその点に気づいたという方もいるかもしれない。

では、頭ではわかっていながら、私たちはなぜ文字に依存したコミュニケーションばかりを進めてしまうのだろうか？　この不思議な現象は、日本人が伝統的に文字の文化を大切にしてきたことと無関係ではない。さらに言えば、筆者は、江戸時代から日本の識字率が他国に比べてずば抜けて高かったことが、諸刃の剣として作用していると考える。

それがどれほどのものだったか、少し過去を振り返ってみよう（資料４）。

今でも驚かされるのは、嘉永年間（１８４８〜54年）の江戸における就学率が70〜86％に達し、子供たちの大半が男女を問わず寺子屋に手習いに行っていたという点だ。それよりも10年ほど前の、１８３７年前後のイギリスの大工業都市における就学率は、20〜25％に過ぎなかった。事実、１８５３年に黒船で日本を訪れたアメリカのペリー提督は、日本人の識字率が高く、田舎にまで本屋があることに驚嘆したと記録に残されている。

日本の幕末期には、全国規模で武士のほぼ１００％、庶民層でも男子の49〜54％、女子でも19〜21％が読み書きができたとされ、地域を江戸に限れば、全住民の識字率は70〜80％に達したと推定されるそうだ。

これと比較して、当時のいわゆる列強諸国のレベルはどうだったかと言えば、日本に来航した人々の、以下のコメントを見れば推して知るべしであろう。

「（日本の）民衆教育についてわれわれが観察したところによれば、読み書きが全然できない文盲は、全体の１％にすぎない。世界の他のどこの国が、自国についてこのようなことを主張できようか？」――１８６０年、通商条約締結のために来日したプロイセン（かつてドイツ北部からバルト海沿岸にかけて存在し、後にドイツ帝国に併合された王国）のラインホルト・ヴェルナー（エルベ号艦長）。

「（日本において）教育はヨーロッパの文明国家以上に行き渡っている。シナをも含めて、アジアの他の国では女たちが完全な無知の中に放置されているのに対して、日本では、男も女もみな仮名と漢字で読み書きができる」――１８６５年に日本を訪れたドイツのシュリーマン（トロイア遺跡の発掘者）。

さらに第二次世界大戦直後、日本の占領政策に当たったＧＨＱ（連合国軍総司令部）の民間情報教育局は、日本人の識字率を過小評価していた。「日本政府が玉砕するまで戦い抜くような無理な戦争を仕掛けたのは、大衆が難しい漢字で書かれている新聞を読めず、正しい情報が得られなかったためだ」と考えたのだ（実際には、一般の日本人は問題なく新聞の漢字を読めたものの、書かれていた情報自体が誤っていたのだが）。その結果、「漢字を廃止しない限り民主主義は定着しない」とされ、マッカーサーが招聘《しょうへい》したアメリカ教育使節団も、ローマ字を推進する報告書を提出したのである。

しかし、実際に全国２７０ヵ所、１万７０００人を対象に漢字の読み書き調査を行ったところ、日本人は97・９％という高い識字率を持つことが明らかとなり、民間情報教育局もその水準の高さに驚嘆した。その結果、日本語のローマ字化を見送る決定が下された。

もちろん、江戸時代の昔から日本の識字率が驚異的に高いという事実は誇るべきものであり、そのこと自体を問題視する理由はまったく存在しない。だが、そのために文字によるコミュニケーションを重視しすぎる土壌が定着したことも否定できない。

実は１８３の国と地域を対象とした「識字率による国順リスト」（資料５）によれば、今も識字率が80％未満の国は55ヵ国に上り、90％未満は77ヵ国に達する。その中にはサウジアラビア（86・1％）、ジャマイカ（86・4％）、カンボジア（76・3％）、エジプト（66・4％）、インド（75・6％）など、日本に馴染みのある国や、ＩＴなどの先端分野に優秀な人材を送り込み、今後の市場として有望な国も含まれる。

こうした現実を前に、日本の尺度でグローバルな情報伝達の手段を考えると、自ずと無理が生じてくる。しかも、お膝元の国内市場を含め、多くの国で重要な消費者セグメントである「若年層のコミュニケーション」では、「視覚情報＋コンパクトなテキスト」という形式への依存度が急速に高まってきている。その最大の要因は、スマートフォンやソーシャルネットワークの普及、そして写真やビデオの共有サイトの台頭である。

若者向けマーケティングに成功する条件

そんな流れに対して、世界のビジネスはいち早く反応し、報道、広告、販売などの主要分野で、写真やショートビデオのポテンシャルをこれまで以上に重視する動きが起こっている。先に述べたように、人々に共通の認識を与え、概要を一目で伝える映像・図形情報は、情報伝達の速度や浸透効果の重要度が高まるデジタル社会で、今やコミュニケーション手段の「主役」となった。文字や言葉は、あくまでそれを補う役割を担うにすぎない。

たとえば英語圏では、文字情報しか送受信できなかった時代の名残から、今でも写真など視覚イメージを含むマルチメディア対応のショートメッセージサービスを「テキストメッセージ」と呼ぶ。日本では同様のサービスを「マルチメディアメッセージ」と呼ぶので、ここでは用語を後者に統一して話を進めることにする。

ウォール・ストリート・ジャーナル（資料6）によれば、このマルチメディアメッセージを利用して、ティーンエイジャーに直接的なマーケティングを行っている有名企業がいくつもある。社名を挙げると、大手アパレルメーカーの「ラルフ・ローレン」、全米36店舗を展開する高級デパートチェーン「ブルーミングデールズ」、ファストフードフランチャイズの「ジャック・イン・ザ・ボックス」、スケートボーダーらに人気のシューズブランド「ヴァンズ」などである。

それらの企業の分析によると、通常の電子メールによるプロモーションメールが読まれる率は約10％に留まり、その場合でも、開封されるのは送信してから6～12時間後となる。これに対し、マルチメディアメッセージの開封率はほぼ１００％で、送信後、1～3分の間に反応が返ってくる。

こうしたスピード感の中で、文字による情報伝達ばかりに頼っていては、それだけで機会喪失

ダイナマイト爆発事故を報じた1884年の「ザ・イラストレーテッド・ロンドン・ニュース」

につながりかねない。しかも、適切な視覚イメージが付いたマルチメディアメッセージは、受信者からスパムやジャンクメールとして扱われにくいというメリットもある。

同様に、マルチメディアメッセージを重視するティーン向けのファッションブランド「シャーロット・ルッセ」は、ショートビデオが主体のクーポン付きメッセージを既存ユーザーに送信するという試みを始めた。すると、メッセージは急速に広まり、その週末だけで登録ユーザー数が3割も増えた上、実際のクーポンの使用率でも、満足の行く結果が得られたという。

また、報道の世界でも、やはり配信までのスピード感と、情報を瞬時に、かつ印象的に伝えるための方法論が求められている。

　1842年にイギリスで創刊された世界で初のイラスト付き週刊新聞「ザ・イラストレーテッド・ロンドン・ニュース」は、販売チャンネルを確立するのに10年かかった。しかし、一度それを確立してからは、優れた情報伝達性によって、ビクトリア期で最も発行部数の多い新聞の一つにまで上りつめた。当時は、銅版画などの技術を応用した細密画風のイラストが使われたが（前ページ参照）、今ではその役割が写真に取って代わられていると考えればわかりやすい。

　米ノースウェスタン大学の研究機関「リーダーシップ・インスティテュート」が新聞100紙の読者約3万7000人を対象に行った調査でも、面白い結果が出ている（資料7）。若年層、女性読者、ライトリーダー（興味のある記事だけに目を通すような読者層）ほど、より多くの写真、あるいはより大きな写真を求める傾向があるというのだ。しかも、若年層からは、興味を持ったテーマであっても、「内容を語るテキストは短めの方がよい」という要望すら上がっている。

　ただし、ここは注意が必要なのだが、写真や動画などビジュアル的な要素をただやみくもに多用すればよいというわけではない。視覚的要素の活用を考える企業が絶対に肝に銘じなければならないのは、「質の高いイメージを適切に使う」という点だ。

　世界中のあちこちで目にするようになったピクトグラムにしても、アイコンにしても、特徴を際立たせようとするあまり、かえって意味不明になったり、時に滑稽と映ったりするものもある。同じように、写真も、あまりにもアート寄りだったり、独りよがりのテーマ性を持ったりしているものは、かえってビジュアルイメージを利用する意義を曖昧にしてしまい、ビジネス向きではない。

しかも、このデジタルフォトの時代、かつてないほど多くの写真を一般消費者が撮影し、またそれ以上に多くの写真に日常的に触れるようになったことから、人々のビジュアルイメージを見る目は非常に肥えてきた。そのため、ビジネスで利用される写真や動画も、これまで以上にクオリティが高く、明快で、しかも訴求すべき話題や製品、サービスなどにマッチしたものでなくては通用しない。今は、そういう状況が急速に生まれつつある時代なのである。

ロゴや店舗デザインは短期的効果しか生まない

ここまでの説明で、ビジネスにおけるビジュアル・コミュニケーションの重要性や、日本人がそれに不得手であるという事実が、ある程度はおわかりいただけたことと思う。

続いて、そうしたビジュアル要素とブランディングの関係を掘り下げていくことにしよう。しかし、その前に「ブランディングとは何か」という点について、改めて理解しておく必要がある。

ブランディングの本質は、一言で言うと、「企業価値の向上」に他ならない。企業の価値が向上することで、その製品やサービスに対する顧客の忠誠度（ロイヤルティ）が高まり、その企業の活動（新製品の発表など）への注目率もアップする。こうして、ブランドが形成されてゆく。

さらに、そのブランドに対する信頼から、企業と消費者の間にマインドシェア（共感）が生まれる。製品の品質や機能、サービスの有用性などに関して、実際に購入したり利用したりする前でも、認知、評価してもらえるようになる。

そして、そのブランド名を見たり聞いたりするだけで、特定のイメージや価値観（高級、高品質、スポーティ、頑丈、エコ……などなど）が連想される効果が得られ、それがブランドの一層の強化につながる。

ただし、企業価値自体は、目に見える物質的なものではなく、受け手となる消費者の潜在意識の中に浮遊する抽象的な存在に過ぎない。しかし、いったん確立してしまえば、企業にとってきわめて貴重な資産になる。だからこそ、この捉えどころのない存在が消費者の心の中にしっかりと根を下ろすように、世界中の会社が「ブランディング」に努めるのである。

その過程において、情報を瞬時に、かつ的確に伝えられる視覚的な要素は、非常に重要な役割を果たす。その効果は、文字や言葉よりも大きい。なぜなら、目に見えないブランディングという活動に「形」を与えるからだ。

たとえば、知名度の高いブランドには、印象に残るロゴや、統一感のあるショップのデザインなどが付きものである。だが、それらは、もちろん重要な要素であっても、あくまでもブランディングの一部に過ぎない。この点は、以下のように考えてみるとわかりやすいだろう。

すなわち、ブランドが確立していない企業が、ロゴやショップの体裁を整えただけで、企業価値を上げられるだろうか——ということだ。筆者の答えは否定的である。目立つロゴを作ったところで、企業価値を消費者の心に残すのに多少の貢献にはなるにせよ、結局は短期的なマーケティング効果に過ぎない。

筆者はアシストオンというデザイン系のセレクトショップの取締役を務めており、そのショップは東京の原宿にある。原宿という土地には、一時的にマスコミやトレンドマガジンに取り上げられて人気を博しながらも、数ヵ月から2〜3年で姿を消していくアパレルショップが後を絶たない。人目を惹くロゴやセンスの良い店構えを作り上げているにもかかわらず、ブランドとして定着することなく消滅していくのだ。

これらのショップの一時的な成功は、あくまで「マーケティング的なスマッシュヒット」であり、「持続可能なブランディングの成功」とは明確に区別しなければならない。後者は、決して短期間で成し遂げられるわけではなく、明確な意志を持って行われる、細かな日常の企業活動の積み重ねから醸成《じょうせい》されてくるものなのだ。

コカ・コーラやBMWの素晴らしい役員紹介ページ

ブランディングが確立されている企業は、たとえば会社名を聞いただけでも、そのロゴやコーポレートカラーや製品を思い浮かべることができる。これは、「企業の顔」が見えていることを意味する。つまり、どういう方向性を持つ会社で、どのような人々が働き、どんなことをビジネスにしているのかを、消費者がイメージできるわけだ。

そうしたイメージは、必ずしもその企業の本当の姿であるとは限らない。しかし、もしも実態との乖離《かいり》が大きければ、そこから生じる綻びが、ゆくゆくはブランドを失墜させていくことになる。老舗《しにせ》と言われてきた料理店が、残り物を使い回ししていたことで信用を一気に失う、といった出来事はその典型と言える。

一方で、ブランドに対する過剰な期待が、そのような企業の虚像あるいは偶像を大きくしてしまうことがあり、これも別の危険性をはらんでいる。自社の基準を満たし、その分野の水準を超える製品やサービスを提供しても、寄せられる大きな期待に届かなければ、やはりブランドに傷がついてしまうからだ。

したがって、ブランディングに真剣に取り組む企業は、外部に対して情報を厳しくコントロールしながら出していくことにも熱心だが、同時に、開示すべきところは積極的にオープンにして、メッセージを明確に伝えてもいる。ブランドだけが一人歩きをしないよう、配慮をしているのだ。

それを象徴するのは、各企業の公式ウェブサイトにある「会社情報」だ。宣伝コピーが躍る製品やサービスセクションのページが企業の表の顔だとすれば、会社情報のページは、その横顔を浮き彫りにする。

欧米では、企業のみならず個人であっても、顔の見えるコミュニケーションが重視される。これは、初対面の相手との握手に、武器を持っていないことを示す意味があった時代の名残なのかもしれないが、自分がどんな人間と取引をしているのか、どんな人々が作った製品を購入しているのかについて、非常に大きな注意を払う傾向がある。それが欧米の企業の「会社情報」にも反映されている。

その典型的な例が、34〜35ページの表にまとめた「世界ブランドランキング」(順位は本稿執筆時・資料8)でも常連となっているコカ・コーラである。同社は1930年代から、サンタクロースの衣装の色を自社のコーポレートカラーである赤と白に描いた広告を打ち、そのイメージを世界中で定着させたほど、ブランディングに長けた企業だ。実際には、それより前から、赤い衣装のサンタが描かれた挿絵などは存在していたが、伝説のキャラクターだけに、他にも青や緑などさまざまな色の服をまとう姿も多かった。それがコカ・コーラの宣伝活動によって、赤と白がサンタの服の「国際標準色」として根づいたのである。

その役員紹介のページ(http://tinyurl.com/ctmrl6k)を見てみよう。そこには、明らかにプロフェッショナルの手で撮影されたことがわかる、ハイクオリティな顔写真が並んでいる。会長や社長だけでなく、主要な役員全員のポートレートが同様だ。

このページのタイトルも「役員紹介」などといった凡庸なものではない。「リーダーシップ・ビューポイント（リーダーシップの観点）」と題され、コカ・コーラというブランドを牽引するリーダーたちがビジネスの視点や展望を語るコーナーとして、はっきりと位置づけられている。

特に重要な役職のページ（http://tinyurl.com/cohh6gd や http://tinyurl.com/6apc3q8 または http://tinyurl.com/c4e6l4c）には、ショートビデオによるプロフィール紹介や、彼らがイベントやメディアに出演した際の映像、そして過去のインタビューなどがある。多角的に見た彼らの人物像と、何を考えて会社経営に携わっているのかが、質の高いビジュアルイメージを通じて明確にわかるようになっているのだ。

特に素晴らしいのがプロフィールビデオで、必ず撮影前のリラックスした表情からスタートして、少しだけ素顔を感じさせる工夫が見られる。もちろん、観る者に親近感を抱いてもらうための仕掛けだ。これらのページ構成に、筆者は正直なところ舌を巻き、感動すら覚えた。

ライバルのペプシコの役員紹介ページ（http://tinyurl.com/6wp8muf）は、コカ・コーラに比べればやや見劣りすると言わざるをえないが、やはりリーダーシップをアピールするもので、全員のポートレートが含まれている。それも、取締役会のメンバーはすべてモノクロ写真で統一するなど、芸が細かい。

あるいは、やはり常に世界ブランドランキングのトップグループにいるＢＭＷ（http://tinyurl.com/cwodlpa）はどうだろうか。ドイツ系らしく遊びの要素は少ないが、役員紹介ペー

順位	ブランド名	順位	ブランド名
51	日産	76	ゼネラル・ミルズ
52	T- モバイル	77	イノセント・ドリンクス
53	ヒュンダイ	78	UPS
54	インテル	79	シーバスリーガル
55	エイボン	80	レノボ
56	アブソルートウォッカ	81	ディズニー・コンシューマ・プロダクツ
57	クラフトフーズ	82	フィリップス
58	ナイキ	83	グッチ
59	シーメンス	84	フェデックス
60	キヤノン	85	ユーチューブ
61	バンク・オブ・アメリカ	86	アイコニックス・ブランド・グループ
62	BP	87	インフィニティ
63	パナソニック	88	バークシャー・ハサウェイ
64	ボルボ	89	エルメス
65	シェブロン	90	ミニ
66	KLM オランダ航空	91	AT&T
67	ロレアル	92	ニュートロジーナ
68	サンタンデール・セントラル・イスパノ銀行	93	ギフガフ
69	スリーエム	94	フィリップス・ヴァン・ヒューゼン
70	オーレイ	95	ボーダフォン
71	ウォルグリーンズ	96	チェース銀行
72	アメリカン・エキスプレス	97	ミシュラン
73	ジャックダニエル	98	ピラスヌンガ 51
74	ビュイック	99	ツイッター
75	ダイムラー	100	マテル

2012年 世界ブランドランキング（シンクフォース社による）

順位	ブランド名	順位	ブランド名
1	アップル	26	エクソンモービル
2	グーグル	27	ターゲット
3	BMW	28	アウディ
4	トヨタ自動車	29	シスコ
5	アマゾン	30	キャデラック
6	ウォルマート	31	スターバックス
7	ホンダ	32	シボレー
8	メルセデス・ベンツ	33	テスコ
9	ソニー	34	HSBC
10	フォルクスワーゲン	35	ホーム・デポ
11	スミノフ	36	サウスウエスト航空
12	IBM	37	ルイ・ヴィトン
13	レクサス	38	ディズニー
14	バカルディ	39	ダヴ
15	ジョニーウォーカー	40	ゼネラル・エレクトリック
16	サムスン	41	シャネル
17	マイクロソフト	42	ヘネシー
18	コカ・コーラ	43	コカ・コーラ カンパニー
19	デル	44	ジャガー
20	フォード	45	ウェルズ・ファーゴ
21	マクドナルド	46	イケア
22	ヒューレット・パッカード	47	アキュラ
23	ジョンソン・エンド・ジョンソン	48	コーチ
24	フェイスブック	49	ニベア
25	シェル	50	プロクター・アンド・ギャンブル

ジは、いかにも「撮影しました」という写真ではなく、表情豊かで人柄まで伝わってくるようなポートレートで構成されていることがわかる。

言ってみれば、これらがブランディングの世界で求められる「会社案内」の要素なのである。ビジネスの第一線で戦おうとする企業にとって、こういったビジュアル上の準備は、絶対に欠かすことができないものになっているのだ。

経営陣の「顔」を見せない日本企業

これに対して、日本企業の取り組みは、同じ水準に達しているであろうか？

筆者は日本のトップ企業１００社のサイトを独自にチェックし、経営陣のポートレートや役員一覧のページがどのように構成されているかを確認してみた。その結果は、コカ・コーラなどとはまったく正反対の意味で、驚くべきものだった。

なぜなら、何らかの形で代表者の顔写真が載っている会社の数は75社あったものの、それが役員にまで及んでいるケースは、わずか25社。つまり全体の4分の1に過ぎず、残りは、役員の名前と役職のみで済ませているか、あるいはまったく記載がなかった。

かろうじて、「ごあいさつ」や「トップメッセージ」などのページを通じて代表者の考えがわかり、写真付きの役員リストを公開しているような企業でも、あとは役員それぞれの経歴が書かれている程度。経営陣の人となりや会社との関わりなどは、一切伝わってこない。

「製品やサービスを通じて消費者のロイヤルティ（愛着）が得られればよい」という考え方なのかもしれないが、それだけでは継続的なブランドの維持は難しい。そして、図らずも目先の機能競争や価格競争など、場当たり的なマーケティングに頼らざるをえなくなる可能性が高い。

それよりも、たとえばアップル社のように、ＣＥＯはもちろん副社長クラスの人たちも、自らの言葉で外部に向かって企業哲学や製品哲学を繰り返し説いている方が、はるかに健全で安定した経営につながる。そうすれば、自社製品の絞り込まれた機能や高めの価格にも意味があることを、消費者に納得させることもできる。

日本のトップ企業１００社の中で、役員全員の顔写真を載せているのは、商社系の会社が多かった。これはやはり、世界を相手にしているという意識が高いためだろう。逆に、東京電力など電力会社系は全滅だったが、昨今の電力事情をめぐる騒ぎなどを見ていると、さもありなんと思えてしまう。

一方で、成長著しい中国企業のウェブサイトも確認したところ、中国最大手のモバイル通信キャリア「チャイナモバイル」(http://tinyurl.com/cd4ygo3) や、同じく保険最大手の「チャイナライフ」(http://tinyurl.com/8w8g67s) などは、やはり役員たちの顔写真を掲載し、顔の見える企業を目指す傾向が見られた。

ちなみに、日本の場合、ウェブサイトに組織図を掲載している企業が結構な数に上る。だが、筆者にはその意味が理解できなかった。「我が社の組織はこれほど立派なもので、だからこそ業務も信頼していただけます」とでもアピールしたいのだろうか？

しかも、その組織図がきちんとデザインされたものであればまだいいが、大半は、まるでプレゼンテーションソフトか何かで素人がレイアウトしたかのような、貧弱なチャートなのだ。それならば、いっそのこと載せない方がましであり、あえて載せる以上は、サイトのトップページと同じほどの注意を払って入念なデザインをすべきである。これは、掲載する写真に関してもまったく同じことが言える。

確かに、大掛かりなブランディングのプロジェクトを立ち上げるには、それなりの資金も必要かもしれない。また、言うまでもなく、役員の顔写真を揃えるだけで企業価値が急に跳ね上がるほど簡単な話でもない。

だが、実際には、こうした身近な気配りや、わずかな予算をかけるだけでも改善できることの積み重ねが、グローバルなブランド構築には大切なのである。大きな事業をなすには手近なところから始めるべきだと説く「まず隗《かい》より始めよ」の故事成語は、まさにブランディングの本質を教える言葉に他ならない。

日本の貝に由来するシェルのロゴ

させて、ここからは、ブランディングに果たすイメージデータの重要性を認識している企業の実例をいくつか挙げながら、具体的なポイントを説明していきたい。

以下に取り上げる優れた企業は、ビジネス分野もマーケティング戦略も異なるが、ブランディングと視覚情報の関係を熟知し、積極的にそれを活用することで、確固たるブランドを築き上げている。

まず取り上げたいのは、世界的な総合エネルギーグループであるロイヤル・ダッチ・シェルの中核をなす「シェル・インターナショナル・ペトロリウム」社だ。

ロイヤル・ダッチ・シェルは、ロンドンに本拠地を持つシェル社とオランダ領東インド（現在のインドネシア）で石油開発を行っていたロイヤル・ダッチ社が１９０７年に事業提携した「ロイヤル・ダッチ／シェルグループ」が母体となっている企業。２００５年にロイヤル・ダッチ・シェルとして単一法人化された。現在、民間の石油エネルギー企業として世界第２位の売上高を誇り、ヨーロッパでは最大のエネルギー企業として君臨している。

その事業の特徴は、探鉱から生産、輸送、精製、販売までを一貫して行う垂直統合体制と、石油、石炭、ガス、化学、原子力、金属などさまざまな分野をカバーする多角化にある。１４５ヵ国に拡がったグループ企業の総従業員数が10万人を超える、まさにエネルギー業界の巨人だ。

実は、同社の起源の一つであるシェル社に関しては、日本との関係において興味深いエピソードがある（資料９）。シェル社の創業者だったマーカス・サミュエルは、貧しい青年時代を送っていた1871年、ロンドンから三等客船で日本に渡り、横浜の海岸で見つけた美しい貝殻の加工品をヨーロッパに輸出することで財を成したのだ。

続いて彼は、当時、話題になっていた石油採掘事業に興味を持ち、インドネシアで掘り当てた石油を日本へ輸出する会社（ライジングサン石油株式会社）を設立した。その海上輸送を効率よく行うために、世界初のタンカー船を建造して一世を風靡《ふうび》したことから、「タンカー王」の異名を取る。そして自分が所有するそれぞれのタンカーに、日本の海岸で拾った貝の名前を付け、自らの原点を忘れないようにした。

サミュエルは日清戦争時に、日本軍に対する石油、食糧、兵器、軍需物質の供給を行った功績により、明治天皇から「勲一等旭日大綬章」を受けている。晩年の彼は、親日ぶりの理由を尋ねられてこう答えたという。

「日本人は正直で、必ず約束を守る。日本には未来がある」

ところが、やがて、ユダヤ系のサミュエルが大英艦隊に燃料を供給するほどの影響力を持つようになったことに反発する層が現れ、その圧力で、彼は自らの石油会社を売らざるを得なくなった。ただし、売るときに彼は条件を付けた。その中に「会社が存続する限り、貝の商標を使うこと」というものがあり、これが現在のロイヤル・ダッチ・シェルのロゴの由来となったのである。

こうした歴史が刻まれたロイヤル・ダッチ・シェルの貝のマークは、今では世界で最も認知度の高いロゴの一つとなっている。シェル・インターナショナル・ペトロリウム社（以下、シェル）は、その貝のロゴの下に、世界80ヵ国以上で9万人の社員と47以上の製油所、そして4万店舗以上のガソリンスタンドを保有し、質の高いブランド維持活動を展開している。

筆者は、このシェルにブランディングのロールモデル（手本）を求めて、ロンドンのテムズ川沿いにそびえる高さ１０７ｍのシェルセンターを訪れた。

出迎えてくれたのは、同社の「グローバル・ブランドポリシー・アンド・スタンダードマネージャー」の肩書きを持つティム・ハナガン氏と、フォトグラフィックサービス部門でリサーチャーとプロデューサーを務めるカーラ・ペナゴス氏である。

シェルでは専任の担当者を置いて、世界規模のブランディングを集中管理している。これに対して一般企業では、ブランドマネジメントを広報部門が行ったり、外部に委託したりしているケースも多い。だが、シェルは、それでは確実な管理が望めないと考えるからこそ、あえて特別な部門を設け、その道の専門家を配しているのだ。

もちろん、公式ウェブサイトでは、執行委員会や役員会のメンバー全員の顔写真と共に、それぞれの専門分野や責任管理分担、過去のスピーチやインタビューを見ることができる（http://tinyurl.com/96xgxrf, http://tinyurl.com/8beswby）。それだけでなく、世界各地の現場の人間のインタビュービデオも、動画共有サイトのユーチューブを通じて配信が行われ、シェルという会社が今何を考え、どこに向かおうとしているのかがはっきりと示されている（http://tinyurl.

com/6kwzsln)。

厳密なガイドラインでブランドを確立したシェル

最近は、日本の企業でもコーポレート・アイデンティティ、いわゆるＣＩに気を配るところが少なくない。

ＣＩとは、簡単に言うと、外部に対する統一的な企業イメージの発信のための基本コンセプトやデザインルールを策定すること、あるいは、それを行うビジネス戦略を指す。いわばブランディングの基礎である。

そして、通常目にするＣＩマニュアルでは、企業のシンボルマークやロゴ、テーマカラー、キャッチフレーズなどのあり方と使用方法などが規定されている。

しかし、ある企業がＣＩを採り入れたからといって、それで自動的にブランディングが確立するわけではない。ＣＩは重要だが、それはブランディングの必要条件に過ぎず、十分条件ではないからだ。

シェルの場合、社員や外部の関係者が同社に関わるコミュニケーションを行う際のガイドラインが、文書として定められている。その中には、ブランドアイデンティティを維持するための大切な要素として、写真のスタイルや色合いを細かく規定したセクションがある。なぜ、そこまで徹底して写真にもこだわるのだろうか？

ハナガン氏は言う。

「それは、使用される写真のトーン（雰囲気や醸《かも》し出されるイメージ）が、ブランドのコアバリュー（中心的な価値観）そのものを表すからです。これを確実に達成する上では、さまざまな困難もあります。しかし、我々はその必要性を感じ、実現に取り組んでいるのです」

たとえば、シェルのコーポレートカラーは、よく知られているように赤と黄色である。これらは、それぞれ「シェルレッド」「シェルイエロー」と呼ばれ、当然ながらＣＩの一環として色合いが正確に決められている。

貝のロゴが映り込んでいるか否かを問わず、この二色が構図のどこかに含まれている写真は、無意識のうちにシェルとのつながりを感じさせる効果を持つ。だが、その色合いがくすんでいたり、汚れたように見えていたりしたら、逆にネガティブな印象を与えかねない。

さらに、写真はイラストなどと異なり、撮影時の光線の具合などによっては、正確な色を表現できないことも多い。したがって、許容範囲に幅を持たせる必要があるが、それをグラフィックデザイナー向けのような混色のパーセンテージなどで示しても、一般の社員は直感的に理解することが難しい。

したがって、ガイドラインの中に作例を含めて、どのようなものであればブランド戦略に沿っていて、逆にどのようなものがブランドを損ねるのかを明確に示すことが求められる。ハナガン

世界各国の人々の意識に刻み込まれている、赤と黄色が鮮やかなシェルのロゴ

氏によると、

「シェルの関係者が使う写真類は、伝えようとするメッセージに対して、忠実でリアリティのあるものでなくてはなりません。そのために、色合いはもちろん、撮影のアングルに至るまで細かく規定しています」

同氏は「ファーストインプレッション・フォト」と呼ばれるものに特に気を遣っている。消費者の目に最初に触れ、その第一印象を決めてしまう写真類がこれに当たる。たとえば、カタログの表紙の写真がその典型で、見た人にどれだけの「シェル・フィール」（シェルというブランドに対して消費者が感じる、親しみやすさや信頼感などの総体）を与えられるかが鍵となる。

一方、カタログの中身で、事業のテクニカルな側面（掘削機械や原油を扱うシーンなど）の紹介を行う場合には、写真内にコーポレートカラーを取り込むのが難しかったり、最良のアングルで撮影しにくかったりする場合もある。これらは「セカンドインプレッション・フォト」と呼ばれ、使用に当たっては「ファーストインプレッション・フォト」のイメージを損ねないよう、両者のバランスに細心の注意が払われる。

ちなみに、こうしたガイドラインは、日本国内のグループ企業である昭和シェル石油株式会社にも和訳版が配布されている。しかし、ハナガン氏は、日本の企業や市場に保守的な部分を感じており、まだ徹底できていない部分もあると考えているようだ。引き続き、日本の文化的背景などの分析を行い、ブランディング活動を推進していくとのことである。

ストックフォトが支えるビジュアル戦略

インタビューの最中、ハナガン氏は、企業がブランドを打ち出す上で、写真やイラストレーションといった視覚的情報を正しく活用することの重要性を繰り返し強調した。同時に、それがいかに難しいチャレンジかという点に触れ、本当にガイドラインを徹底させるには、それなりの予算が必要になるとも語った。

「求められるクオリティの写真を、トップレベルの写真家と契約して撮影してもらうというのは、さすがの我々でも簡単にできることではありません。特に、日常的な業務のさまざまな側面で使われる写真であれば、なおさらです」

もちろん、企業全体で利用する写真ならば、それなりの予算も確保されているが、一事業部や一事業所にそのような余裕は与えられていないのが普通だ。そこで重要になるのが、ストックフォトサービスを利用した社内向けの写真ライブラリの整備だという。

この点について、そうした写真の手配や選定を行っているペナゴス氏はこう説明した。

「理想的には、ブランドに関わる写真は、すべて私たち自身の監督下で撮影されるべきだと考えます。しかし、現実問題としてそれはできません。そのギャップを埋めるのが、ストックフォトによるライブラリなのです」

たとえば、ある写真が必要になって、契約した写真家に撮影を依頼したとする。ペナゴス氏によれば、満足できる写真を得るには、数回の撮り直しが必要な場合もあるという。しかし、真に充実したストックフォトライブラリにアクセスできれば、そこでほぼイメージ通りの写真を見つけられる確率は高く、手間と費用を大幅に節約できる。

「そのために、私たちはゲッティ イメージズなどのストックフォトサービスと契約し、社内でのコミュニケーションに必要な写真を効率的に確保しています。同時に、会社規模の広告に使う写真などは、写真家を手配して撮影してもらうというように、両者を組み合わせて利用するのです」（ペナゴス氏）

同氏によると、ストックフォトサービスにもそれぞれに特徴があり、たとえばゲッティ イメージズは、価格的にはやや高めかもしれないが、ライブラリの量と質において他のサービスよりも優れている。また、写真家と契約する場合にも、条件を示して、ゲッティ イメージズに手配を頼むこともあるという。こうしたストックフォトサービスは、シェルのブランディング戦略を下支えしていると言えるだろう。

「いかにも役員」な顔写真は却下

ところで、先に挙げたシェルの公式サイトの役員などのポートレートは、それぞれ穏やかな表情で、スーツを着ていない人物も交ざっている。この点も、日本の企業サイトの会社案内ではなかなか見かけないイメージだ。

「私たちは、役員などの写真が、いかにも企業の写真のように見えることのないよう、気をつけています。どのような写真が好まれるかは、時代や地域によっても異なりますが、今はリラックスした印象が重要だと考えるからです」（ペナゴス氏）

ハナガン氏も同意する。

「大切なのは、ヒューマン・エンゲージメント（人と人とのつながり）がきちんと表現できた写真かどうかという点です。役員以外の写真でも、単に風景や施設を写すのではなく、人々の顔を入れたものを使う割合を増やしています」

このように、ブランディングに必要な要素を徹底させていく上では、社内教育が欠かせない。実際にハナガン氏らは、社内のいろいろな部署から、イベントや受付ロビーの展示などで使う写真についての相談も受けている。その際、使う予定の写真を見せられて、「ブランディングポリシーに反している」という理由でそれを却下し、同じテーマで、シェルの個性や価値をよりよく表した写真を提案することも多いそうだ。「そうすることがシェルの未来を作る」と信じているからである。

同様に、シェルが外部に向けて発信するすべての文書は、Ｖ．Ｉ．チェックポイントというシステムをクリアしなくてはならない。Ｖ．Ｉ．とは「ビジュアル・アイデンティティ」の略で、複数のメンバーからなる委員会が、文書内で使われる写真はもちろん、フォントやレイアウトに至るまで細かく確認し、ブランディングポリシーに則《のっと》っているかを判断するのだ。

特に写真については、「レッドとイエローの色合いは適切か」「撮影アングルは正しいか」「ヒューマン・エンゲージメントが表現されているか」「作為的すぎないか」といった点から判断が行われ、却下されれば、その理由と共に制作部門に送り返され、やり直しとなる。

「我々はクリアなポリシーを持ち、クリアな目標があり、クリアなチェックシステムとそれを忠実に機能させる役割を担う人々を擁しているのです」（ハナガン氏）

さらにシェルでは、３Ｍ（化学・電気素材メーカー大手）が開発した「ビジュアル・アテンション・サービス」も活用して、文書コンテンツの質の向上に役立ててきた。このサービスは、読者が実際に文書のどの部分に注目し、どこを熱心に見たり読んだりしたかを分析するもの。その結果を受けて、写真のトリミングやサイズを変え、常に最大限の効果が得られるように注意しているという。

巨大企業の意識は一朝一夕に変えられるものではないが、地道な活動を続け、絶えず意識の向上に努めることで、大きな船もその舳《へ》先《さき》を正しい方角に動かし始める。そんな思いから、ハナガン氏らは日々、ブランディングという難しい業務に立ち向かっているのだ。

勝ち続けるために、視覚情報の利用法を常に工夫

しかし、ここまで努力を重ねても、ブランディングのために社内の意思を統一するのは一筋縄では行かないことをハナガン氏は告白する。

先に述べた、写真を選ぶ際の「ヒューマン・エンゲージメント重視」という方針についても、完全に理解されているとは言い難いようだ。シェルの中でも、エンジニアリング部門や化学部門の人間は、人と人とのつながりを想起させるイメージよりも、パイプラインが写っているなど、力強さを感じさせる写真を好む傾向がある。ブランド管理のマネージャーを務めるハナガン氏も、実際、そうした写真を使いたいという社内からの圧力を感じることがあるようだ。そうなると、うっかりしてガイドラインから外れた写真が使われたり、場合によっては、権利関係が曖昧な写真が使われたりしかねない、といった危険性もはらんでいる。

そこで、シェルは写真資産を管理する仕組みを作り、ガイドラインに通じていない社員でも、

それを遵守できる態勢を整えてきた。具体的には、自社のブランディングと関係する写真をゲッティ イメージズから「ロイヤリティフリー」の条件で買い上げ、さらにその写真資産管理をゲッティ イメージズに委託する——というやり方だ。

この「ロイヤリティフリー」とは、一度買い上げた写真に関しては、利用者数の制約などはあるものの、基本的な利用権がシェルのものとなり、繰り返しての使用が容易になることを意味する。

このように、「オン・ポリシー・フォトグラフ（ブランドポリシーに則った写真）」と呼ばれる写真を揃えて独自のライブラリを整備することには、以下のようなメリットがある。

まず、その写真ライブラリに保存された写真であれば、必ずブランディングガイドラインに沿ったものなので、社員や関係者の誰もが安心して利用できる。

次に、使用する写真の著作権に関してゲッティ イメージズが保証し、それをロイヤリティフリー化したものであるため、権利関係をめぐって問題が起こる心配がない。

そして、管理をゲッティ イメージズに委託したことにより、同社のノウハウを活かした検索システムで目的に合う写真をすばやく見つけることができるため、シェルの社員は本来の業務に集中できる。むろん、企業としてのシェルも、本業とは異なる写真検索システムの整備にリソースを費やさずに済み、トータルなコストダウンにつながっている。

また、シェルは、Ｆ１レーシングの世界でフェラーリチームのスポンサーとなっており、その関連写真を大量に使用したいというニーズがある。片やゲッティ イメージズはF1業界と強いコネクションを持ち、レース風景やドライバーの写真を大量に蓄えている。その関係で、シェルがF1の写真を確保する上でも、両社のつながりはうまく機能しているわけだ。

シェルはこのように、ゲッティ イメージズなどのストックフォトサービスを巧みに利用しているが、一方で自前の写真にもこだわっている。その理由は、ストックフォトサービスが独特のスタイルを持っているため、シェルの写真がすべてそのスタイルに染まることを避ける意味があるという。つまり、「シェルのロゴが写っている写真があれば、それでよし」とするのではなく、「シェル・フィール」を最大限に高めた写真によるコミュニケーションに重点を置きたい、とする意志の表れなのである。

このようにシェルは、世界各地でビジネスを展開し、勝ち続けるために、自社のブランドを守り、さらにその価値を高める視覚情報の利用法を常に探求し、工夫し続けている。これこそが、ブランディングのグローバルリーダーシップを象徴する姿勢と言えるだろう。

新幹線という国家的ブランド

2012年8月、JR東海が東海道新幹線用の新型車両「N700A」を公開したというニュースがあった（資料10）。「N700系」以来、6年ぶりのニューモデルの投入である。実際の運用は2013年2月からで、それまでは実地の走行試験が続けられる。

以下のセクションでは、北欧生まれのライフスタイル・ファニチャー・チェーンである「イケア」のブランディングとイメージの関係について説明していくが、身近な新幹線の例は、まさにこのテーマに関する反面教師のように感じられたので、まずはそこから話を始めてみよう。

最初に少し質問をしたい。読者の中で、イケアのコーポレートカラーをご存じの方は、どのくらいおられるだろうか？

たぶん、本書に興味を持たれるくらいだから即答できる方も多いと思うが、答えはブルーとイエロー。同社の発祥の地であるスウェーデンの国旗から採られた色だ。

では、JR東海のコーポレートカラーは？

おそらく、よほどの鉄道マニアでもない限り、すぐにその色が頭に思い浮かぶ方はほとんどいないと思われる。

実は、JR東海のコーポレートカラーはオレンジである。JRグループの他の6社についても、それぞれJR北海道＝ライトグリーン（萌黄色《もえぎ》）、JR東日本＝グリーン、JR西日本＝青、JR四国＝ライトブルー、JR九州＝レッド、JR貨物＝コンテナブルーというコーポレートカラーがある。

こうしてコーポレートカラーが設定されていながら、周知されていない。この状況は、ブランディングの観点から見れば、どこかでつまずいていることを意味する。

ＪＲ各社は地域に密着した旅客輸送会社なので、誰もがその名を知っており、通勤や通学で日常的に利用する人も多いため、「ブランディングは不要」という考え方もあろう。しかし、公共性の高い輸送機関としての顔とは別に、海外に向けて高速鉄道の技術を供与したり、製造メーカーと共に新幹線車両の販売を行ったりと、テクノロジー企業としての側面も持っている。この点については、グループ内で連携することもあれば、個別に受注競争に参加する場合もあり、ＪＲ東海やＪＲ東日本は特に熱心に動いているとされる。

現に日本の新幹線は、台湾に技術供与や車両供給が行われ、インドに対しても官民一体で売り込みをかけている。まさに、大型プロジェクト輸出による国の成長戦略の、貴重な資産の一つなのだ。

ドイツやフランスなどの欧州勢も、自国の鉄道技術の輸出に熱心だ。台湾の場合、一度はすべてＥＵ（欧州連合）との契約に決まったものの、ドイツ車両が本国で起こした事故や、台湾中部での大地震、そして日本からの資金面での優遇措置などを受けて、一転して日本の技術が採り入れられた経緯があった。また、中国は、日本をはじめドイツ、フランス、カナダから供与された技術を基に独自技術を加えたとされる高速鉄道のノウハウを国際特許申請し、アメリカなどに輸出する計画を持っている。

つまり、新幹線は、まさに国際競争の矢面に立たされている技術であり、その意味で、国家レベルできわめて重要な商品なのである。

そうした前提に立ってN700Aの外観を見ると、N700系とほとんど変わらず、変化と言えば、わずかに車体の側面のロゴに、「アドバンスト（進歩した）」のイニシャル「A」のデザイン文字が加わっているくらい。新幹線ほどの車両になれば、高度な空気力学に基づいて設計されているため、基本フォルムに変化がないこと自体は、逆にその性能の優秀さを物語っている。

一方で、仕様面での改良・改善は進み、LEDの採用によって車内照明の消費電力は2割も減り、新型ブレーキの採用によって緊急時の停車距離も1〜2割短くなっている。さらに、地震などによる架線の停電を感知して強めにブレーキをかけたり、スピードを区間ごとの最大制限速度に自動で合わせたりする機能や、台車の振動感知によって故障を早期発見するシステムも備えている。

そして象徴的なのが、次のような開発責任者の言葉だ。

「開業から約半世紀たつ新幹線で一番大事にしてきた安全や信頼を進化させた。見た目はあまり変わらないが中身は現時点で最高の車両」

まったくその通りで、これまで最も大きなセールスポイントであり続けてきた「安全性」と「信頼性」をさらに強化したことは、新幹線というブランドの価値を一層高めるポテンシャルを持っている。

新幹線のブランディングの問題点

だが、Ｎ７００Ａのグラフィックデザインやロゴの扱いを見て、筆者はとても残念に感じた。オリジナル車両であるＮ７００系の投入から6年を経ているにもかかわらず、そのイメージを踏襲しており、鉄道マニアならばいざ知らず、一般の人々はほとんど気づかない、あるいは気にしない程度の変化しかなかったからだ。

「それが日本人の奥ゆかしさだ」と言う人もいるかもしれない。「フルモデルチェンジではない以上、あえて視覚的なデザインを大きく変える必要はない」という意見もあるだろう。

確かに、その車両を購入するわけでもなく、駅のホームにやって来た列車に乗り込む乗客が対象であれば、そういう判断が成り立っても不思議ではない。

しかし、と筆者は考える。新幹線を世界市場に向けた戦略商品として捉えるならば、これではブランディング失格だ、と。新型車両は「安全性」や「信頼性」を進化させたというが、これらは地味で見えにくい要素だ。であれば、それを一目で連想させ、「最高の車両」だと瞬時に理解させるイメージを与えることが重要なのだ。

なぜなら、最終的に、新型車両が最高かどうかを判断するのは、売り手の企業（ＪＲ）ではなく買い手だからだ。売る側が声高に「最高の車両」と謳《うた》っても、買う側がそう納得しなければ意味がない。

すでにユーチューブにも、N700Aの映像が個人によって複数アップロードされているように、今日、こうした情報は瞬く間に世界に伝えられる。だが、タイトルを見ない限り、映っているのが新型車両だと気づく人はほとんどいないだろう。これは、セールスという観点から見れば、重大な機会損失と言える。

カラーリングについては、東海道・山陽新幹線のテーマカラーが青と決まっているので、大胆に特別色を使うのは難しいかもしれない。それでも、たとえば地色とストライプを反転させるなど、強い印象を残す方法はいくつも考えられよう。

また、JR東海が単独で売り込みをかける場合を想定すれば、コーポレートカラーの利用を積極的に推進し、発表用の新型車両の外装にオレンジを採り入れて、お披露目の場を、世界に向けたブランディング強化の機会として利用するべきだ。

もちろん、そうしたプロモーション用のグラフィックスやカラーリングは、正式運行に当たって控えめなものに戻してもよいし、海外の売り込み先で走る車両にそのまま反映される必要はない。ただ、6年ぶりというせっかくの機会でありながら、技術的な優位性の説明ばかりにエネルギーを費やし、新型車両を、今や日本の成長戦略の柱の一つである新幹線のグローバルなブランディングに活用しきれなかったことは、非常にもったいない。

言うまでもなく、実際に契約に至る過程では、車体のグラフィックスなどは二の次となり、仕様や価格、工期などが決定的な要因ではあろう。しかし、そうした考え方は、「よい製品を作れば売れる」「誰もが（日本の考える）最高のものを求めるはずだ」と思い込みがちな日本企業の問題点にもなっている。

たとえば、５００系新幹線を映したユーチューブ映像のコメント欄には、インドやタイ、アメリカなどから、「自国にも欲しい」といった意見が書き込まれている。Ｎ７００Ａの投入に際しても、基本のフォルムが変わらなくても、インパクトのあるグラフィックスを与えることで、新型車両のイメージを海外にも強く印象づけられる（見る者の鉄道に関する知識や日本語リテラシーの有無とは関係なく）。その結果、売り込み対象国の国民の間に、安全でエコな新幹線の導入を希望する声が強く湧き起こる状況を作り出すことも、不可能ではない。

新幹線は、前述したように、今は日本という国の輸出戦略の一翼を担う重要なプロジェクトだ。それだけに、ユーチューブを含むソーシャルメディアによって伝播《でんぱ》される視覚情報を巧みに活用し、交渉の席に着く前に、相手国の導入意欲を高めておくことにも積極的に取り組まなければならない。

イケアではなぜ財布のヒモがゆるむのか

話が少し壮大になったが、このような取り組み、つまり「製品に対して何らかのコミットをする前に、視覚情報を駆使して買い手の意欲を高める努力」を、世界38ヵ国、300店舗以上のストアで毎日のように展開しているのがイケアである。ここでは、筆者が消費者としてイケアストアを訪れる際に感じていることを中心に述べてみたい。

イケアストアの強みは、顧客が売り場にたどり着く前に購買意欲を盛り上げる、その手法の上手さにある。そして、その働きかけは、駐車場にクルマを停めたときから始まるのだ。

言うまでもなく、他の一般的なホームセンターや大型スーパーにも駐車場は存在する。しかし、それらの多くは殺風景で、コンクリートの壁面には、せいぜいエレベーターや店舗の入口の方向を示す矢印が記されている程度だ。

これに対し、イケアストアの駐車場では、あちこちの壁面に、最新のイケア製品やそれを使う人々のポートレート、あるいはレストランの名物メニューアイテムのミートボールやシェフの大きな写真などが、パネルとなって設置されているのだ。

郊外のストアまでわざわざ足を運んでいる時点で、顧客はすでに何かを購入するつもりではある。その意欲を、実際の売り場に到達するまでにどこまで高められるか、その最初の仕掛けが、これらの写真パネルなのだ。

ちなみに、イケアはウェブ上でオンラインカタログを公開しているが、通信販売は行っていない。それは、顧客のショッピング体験をコントロールしきれないオンラインストアではなく、リアルな店舗に来てもらうことが、これらの仕掛けを活かす上でとても重要だからである。

イケアストアの壁面に飾られた、目立つ色と安さを強調した商品（魚の形のカーペット）

まず顧客は、クルマを降りたときから、スタイリッシュな写真によって「イケア製品のある暮らし」や「レストランで食事をして帰る」といったライフスタイルのイメージを潜在意識に刷り込まれる。これにより、無意識のうちに買い物をする気分が盛り上がる。

次に、顧客が駐車場のフロアから1階のエントランスに降りるまでの間にも、家具の実物の展示や別の写真を通じて、デザインの良さと価格の安さをアピールする。また、なぜ安いのかという理由（「価格目標を決めてからデザイン作業に入るから」とか「商品は持ち帰り前提で、送料無料化のコストを製品価格に上乗せしないから」など）が、やはり目立つ色やワンポイントの写真と共にパネル化されて掲げてある。

ここで思い出すのが「ドロシー・レーンの法

則」と呼ばれる価格戦略だ。これは、アメリカのオハイオ州にある高級食品スーパーのドロシー・レーン・マーケット（http://www.dorothylane.com/）が経験則的に見つけた値付けのルールであり、以下のような相関関係が導き出されている。

①　扱っている商品の18％を安くすると、85％の顧客が安いと感じる
②　扱っている商品の30％を安くすると、95％の顧客が安いと感じる
③　扱っている商品の48％を安くすると、ほぼ１００％の顧客が安いと感じる

イケアの場合、総じてすべての商品の価格が（内容とのバランスで）低めに設定されている。そのため、スーパーが扱う食品とは違って、多数の商品を一斉に値下げするようなことはしていない。しかし、エスカレーターで1階に下りてゆく通路に沿って、いくつか値下げされた製品を実物と写真で重点的に提示することによって、顧客に「安さ」を強調できるよう工夫されている（前ページの写真参照）。

さらに、1階のエントランスロビーから2階の売り場の入口にかけてのエリアに、１００円以下から数百円程度で買える、カラフルで実用的な小物類が置かれている。どのようなショップであっても、客として店内に入った時点では、心の中に衝動買いを防ぐバリア的なものが多かれ少なかれ存在するが、一つでも商品を買うと、それが崩れることが多い。小物類は、その心理を利

用して、精神的な「財布のヒモ」をゆるめさせるための仕掛けと言える。

イケアを支えるイラスト主体のマニュアル

イケアが言葉や文字ではなく視覚情報を非常に重視していることは、その組み立て式家具のマニュアルを見てもわかる。製品名やコピーライト表示、分類番号を除けば、説明は簡潔なイラストのみ。どこの国の顧客が見ても通用するように、テキストを排除しているのだ。

ちなみに同社は、オーストラリアでメガストアを新規オープンさせるに当たって、求人広告費用ゼロ、ダイレクトメールなどの郵送費ゼロで、スタッフを募集しようと試みた。結果は大成功で、短期間のうちに２８０のポジションに対して４２８５人の、質の高い人材の応募を集めることができた（資料11）。

その方法は、既存店で販売される製品のパッケージの中に、リクルート情報をまとめた紙を入れ、すでにイケアに対するマインドシェアが高い人々（顧客）に対して直接働きかける、というものだった。そして、そのリクルート情報の印刷の形式もマニュアルに準じたものとし、メインは４コマの簡潔なイラストのみで、テキストは最小限に留められていた。

ストアの構造から求人方法に至るまで、徹底して視覚情報を駆使したスタイルにこだわり、消費者や顧客に対して明確なメッセージを発する。それがイケアの強力なブランド構築を支えている。

同社はまだ発展途上国におけるプレゼンスが少ないため、グローバルランキングでは46位に留まっているものの、今後、さらに順位を上げていくことは確実だろう。

適材適所のビジュアル利用が重要

先に述べたように、シェル石油では厳密なオン・ポリシー・フォトグラフ（ブランディングガイドラインに沿った写真使用）の規定を適用しつつ、目的や予算によって、自社撮りの写真とストックフォトを使い分けている。

また、イケアでは、「駐車場や売り場までの動線にはフルカラーの写真やグラフィカルなワンポイント写真」「製品内のインストラクションでは簡潔なイラスト」というように、同じ視覚的なイメージでも、種類の異なるものを適切に使い分けている。

これらのケーススタディは、イメージを適材適所で使うことの重要さを示唆している。

もともとは伝統的な日本家屋などの建築物で、適切で理にかなった木材の使い分けがなされていることを意味する「適材適所」は、英語では「the right man in the right place」、つまり、「正しい場所に、正しい人がいる」という表現になる。人事であればその通りだが、ブランディングにおける「適材適所」は、言ってみれば「the right visual in the right place」（正しい場所に、正しいビジュアルがある）となろうか。

適材適所に木材を利用することで、バランスよく美しい建物を建てられるように、的確なイメージを使い分けてこそ、強固なブランドを築き上げることができる。

あるビジュアルが的確かどうかを判断する一つの基準は、リアリティである。前出のシェルのハナガン氏も、「伝えようとするメッセージに対する忠実さやリアリティの重視」の大切さを強調していた。

以下では、２０１２年に史上最高の49兆円という時価総額を達成し、名実共に世界のナンバーワンブランドとして君臨しているアップル社について、ユニークな写真の使い分けとリアリティの関係について触れていくことにしよう。

素人写真をＰＲに使ったジョブズ

アップル社は、一言で言うと、ブランディングの権化のような企業だ。直販小売店であるアップルストアの入口のドアハンドル（海外の場合、自動ドアではないため）の試作だけで1億円を費やし、量販店内の店舗を含め、製品を並べる順番も（カラーバリエーションがある場合には、色ごとの並びまで）厳格に規定されている。

カリスマ経営者として知られた創業者スティーブ・ジョブズ（２０１１年死去）は、一度はア

ビジュアルを非常に重視し、ブランディングに最大限に生かしたスティーブ・ジョブズ

ップルを追われたものの、1996年に復帰し、どん底にあった経営状態と地に墜ちた同社のブランドを建て直すため、有名な「シンク・ディファレント」キャンペーンを仕掛けた。このキャンペーンでは、ガンジーやアインシュタイン、モハメド・アリ、黒澤明など、他人と異なる発想で一時代を築き、その後の世界にも大きな影響を与えた人物たちのモノクロポートレートが広告に使われ、見る者に「今までと違う何かが始まる」という強い印象を与えた。

またアップルの製品写真も、それまでの、コンピュータを正面から捉えた無味乾燥な記念撮影的構図から脱し、あたかもアート作品を撮るような、ドラマティックなライティングとアングルで撮影されたものが用いられるようになった。他社もこぞってそのスタイルをコピーした時期があった。

そこまでブランディングに気を遣ったジョブズが、新しいアプリケーションを発表する際に、あえて社員たちの撮った写真やビデオを利用したことがある（資料12『スティーブ・ジョブズとアップルのＤＮＡ』）。

もちろんジョブズは、ビジュアルのクオリティをとても重視する人間だった。同時に、自分のメッセージを伝える上で最も効果的な方法を見つけることに秀でていた。製品発表のプレゼンテーションの準備に数週間かけるのは当たり前で、それも広報担当者や広告代理店任せにするのではなく、自分自身で、製品の特徴を一番よく理解してもらえる見せ方を考え抜いていたのだ。

そんなジョブズが、社員たちが撮影したビジュアルを使ったのは、ＤＶＤ作成ツールであるｉＤＶＤの発表に際してのこと。その理由は「リアリティ」と「説得力」にあった。

たとえば、製品そのものの写真であれば、彼はそれを社員に撮らせるようなことはしない。社員が撮った素人写真が、製品が持つフォルムの美しさやディテールの繊細さを表現することができるかと言えば、答えは「否」だからだ。照明や質感表現のトレーニングを積んでいない人間がリアルな製品写真を撮ることは、まず不可能であり、説得力のあるビジュアルは、商品撮影のプロに頼まなくてはならない。

では、ｉＤＶＤの場合はどうだったのか？

他のソフトハウスやメーカーがこうしたデモンストレーションを行う場合、少しでも見栄えを良くするために、プロが撮った写真やビデオをデモやサンプルのデータとして利用する。

ところがジョブズは、「そこにプロの作品を使うことが逆にリアリティを損ねる」と考えた。なぜなら、iDVDは、ごく普通のユーザーが気軽に撮った映像や写真を、あたかもプロに頼んでまとめてもらったようにDVD化できるアプリケーションだからだ。実際にアマチュアが撮った写真やビデオを使ってこそ、説得力に満ちた嘘のない説明ができたのである。

アップル社はビジュアルの効果を知り抜いている

しかし、社員が撮影したビジュアルを使うとはいえ、そこでも絶対に手を抜かないのがアップル流だ。

具体的には、まず、社員からおびただしい数のホームビデオや、家族写真、旅行写真などを集め、そこから最適と思われるものを担当者がピックアップしてジョブズに提出した。するとジョブズは、その大半を却下し、再選択を命じた。だが、改めて選んだビジュアルも、同じく突き返されてしまう。

こうしたやり取りが数回あり、自分の選択眼に自信を持っていた担当者は、ずいぶん理不尽だと感じたという。

ところが、そうやって最終的に仕上げられたサンプルは、「質の高さ」と「一般ユーザーが作ったゆえの気安さ」が巧みなバランスを見せ、最初にセレクトした写真やビデオを使ったものよりもはるかに素晴らしくなった。このことは、当の担当者も認めざるをえなかった。

ちなみに、約2時間のキーノートプレゼンテーションのうち、ｉＤＶＤのパートは正味10分程度。そのわずかな時間のために、ＣＥＯと担当者が直接ビジュアルを選択し、納得がいくまで試行錯誤を繰り返した。それが、ブランドの価値と視覚情報がもたらす効果を知り抜いたアップル社のやり方なのである。

なお、アップル社のビジネススタイルやブランディングの秘密について、より詳しく知りたい方は、巻末に「資料12」として筆者の関連著書リストを掲載したので、ご一読いただければ幸いだ。

マスメディアの爆発的な広がり

こういう例ばかりを聞くと、ブランディングにおける視覚情報の重要性は、近年急に高まってきたように感じられるかもしれない。しかし実際は、潜在的にずっと以前から変わらずに存在していた。

極論すれば、中世ヨーロッパの宮廷画家が、クライアントである王族の肖像を実際より少し美化して描くといったことも、王家というブランドを強化するために役立っていたわけだ。ただし当時は、そのブランドの情報が届く範囲は、地理的にも伝達時間の点でも非常に限られていた。

そもそも、そのような情報を共有すべき社会的なコミュニティ自体が、限定的なものだったからである。

城内の応接室やボールルームに掲げられたロイヤルファミリーの肖像画を見る機会など、配下の人間を除けば、他国から訪れた別の王族や貴族にしか与えられなかったであろう。せいぜいが、政略結婚に際して、見合い写真代わりに贈られる程度だったと考えられる。「一対一」に近いコミュニケーションであっても、あるいはだからこそ、肖像画には、実際以上の威厳や美しさを感じさせる必要性と、組織（この場合には王家）の価値を高める効果が求められた。

やがて、国家や都市が拡張し、交通手段が進歩するにつれて、情報を共有するコミュニティも拡大していく。一方で、情報の伝達手段やスピードにも大きな変化が現れる。社会体制を維持するためにも、「一対多」のマスコミュニケーションの密度と質を上げることが求められ、いわゆる「マスメディア」的なものが誕生してきた。

そうした動きがビッグバンのような爆発的な広がりを見せるきっかけとなったのが、18世紀から19世紀にかけて起こった産業革命（資料13）だ。

産業革命は、イギリスで起こった世界最初の工業化の動きであり、その進展に伴って、社会構造も大きく変わっていった。実際にはフランスなどでも、同様の改革を起こせる条件は整っていたのだが、両者を大きく隔てたのは、植民地の多寡《たか》だったとされている（フランスは1763年のパリ条約によって、原材料の供給地であり、加工製品の市場でもある重要な植民地の多くを失った)。

当時のイギリスでは、インド産の綿布が人気を呼び、国内の毛織物業者の経営を脅かすほどになっていた。彼らからの圧力を受けた政府はインド綿の輸入を禁止し、その反動で、原綿を輸入してイギリス国内で布に加工して販売するビジネスが隆盛を極めた。このことが、大量生産のための技術開発と、その動力でもあり、物資や製品の大量輸送を支えもした蒸気機関の発達を促し、産業革命につながったのである。

この一大変動と、ヨーロッパで15世紀半ばから発展を遂げてきた活版印刷が組み合わさったとき、物理的な距離を越えて、驚くほどの短時間で知識や情報が伝えられていく下地が整った。先に触れた、19世紀半ばに世界初のイラスト付き週刊新聞として人気を博した「ザ・イラストレーテッド・ロンドン・ニュース」も、こうしたコミュニティの拡大とマスメディアに対するニーズ、情報伝達スピードの高速化などの恩恵を受けて、広く民衆に受け入れられたのだ。

90年代に起こった「メディアの産業革命」

その後もメディアは発達を続ける。イラストだけだったビジュアルの材料に、モノクロやカラーの写真イメージが加わり、情報の即時性と拡がりを持つラジオやテレビも生み出された。特にテレビは、消費者の意識をそれまで以上に視覚情報になじませるのに大きな役割を果たし、映像や音声も含めて、人々が情報を感覚的に把握する能力を増幅していった。

ここに至って、ブランディングにおけるビジュアル要素は、それを広範囲に流布する手段が得られたことで、過去のどの時点よりも重要さが明らかになったのである。

ところが、今度は企業側にとって、「大量に必要となった効果的なビジュアル要素をどのように用意するか」という問題が生じた。これは、まさに産業革命における綿布の需要と供給の関係に似ている。

当時のイギリス国民の綿布に対する需要は驚くほど高かったようで、「作れば作っただけ売れる」ような状態だった。そのため、手織機で織るような従来の家内制手工業的製造方法では、まったく供給が追いつかない。

そこで、従来は緯糸《よこいと》を縦糸に載せるために手で交互に左右に渡していた杼《ひ》を改良して、ひもを引っ張るだけで左右に飛ばせるようにした「飛び杼」が発明され、作業の効率が大幅に上がった。同時に、両手を拡げた以上の横幅を持つ布も織れるようになった。

こうして綿布の生産効率は上がったが、そうなると今度は綿糸の製造が追いつかない。そこで製糸（紡績）の工程の改良に力が注がれ、一度に複数の糸を紡ぐことのできるジェニー紡績機や動力に水車を用いる水力紡績機などが発明されていく。

そして、糸の増産に織布が追いつかなくなると、蒸気機関で動かす力織機《りきしょっき》が発明され……という具合に、需要の高まりが供給体制の効率化へとつながり、作り出される糸や布のバリエーションの豊富さが、また新たな需要を喚起するようになる。つまり、好循環が生まれたのである。

実は、あえて紡績の話を持ち出したのには理由がある。飛び杼の発明者だったジョン・ケイは、仕事がなくなることを恐れた手織り職人たちによって故郷の村から追い出され、力織機を開発したカートライトも、やはり失業の危機を感じた織布工たちに工場を壊されて事業に失敗したというエピソードがある。

これらのエピソードは、後の章で重要な意味合いを持ってくるので、少しだけ心に留めておいていただきたい。ここでは、話を戻して先に進めることにする。企業がブランディングなどに用いる大量のビジュアル要素をどのように調達したか、という問題だ。

結論から言えば、企業自らも広報部や広告代理店を使ってブランディング用の写真を撮影していたが、その一方で、「より迅速に的確なビジュアルを入手してブランドの強化を図りたい」という要求は高まるばかりで、それに応える写真貸し出しの専門会社が現れた。いわゆるストックフォトサービスの誕生である。そうした会社の出現により、さらに企業側のビジュアル利用が加速していった。

企業でのビジュアル活用だけでなく、マスコミなど報道関係の業界においても同様の動きが起こった。すなわち、新聞社や放送局が個々に報道用の写真や映像を撮影・掲載する一方で、世界が注目するようなイベントや事件に関し、いち早くビジュアルと概要を準備して配信する通信社が設立されたのだ。報道機関は、速報性が求められる話題や、自社ではコストや機動性の点でフォローしきれないような海外の話題に関して、通信社から配信される情報をアレンジして報道するようになった。

ただし、写真や映像のベースが基本的にアナログのフィルムだった時代は、自ずから、そうしたサービスにも限界があった。ところが、それを質と量の両面で大きく革新する現象が１９９０年代に起こる。インターネットを介したビジュアルデータのデジタル配信システムの出現である。これこそが、ビジュアル流通のターニングポイント、いわば「メディアの産業革命」の発端となった出来事であった。

アナログフィルムの貸し出しからネットのダウンロードへ

筆者はかつて、ある美術館のデータベース構築を手伝っているときに、学芸員の仕事をつぶさに観察する機会があった。

ジョーク半分に自らを「雑芸員」と呼ぶスタッフの方々の業務には、確かに細々とした雑用も多かった。特に出版社などに対する収蔵作品の写真の貸し出し作業には、多くの時間を取られていた。

たとえば、図録などで目的の作品を見つけた美術系雑誌の編集者から、手紙やファックスで貸し出しの申し込みを受けると、学芸員は該当作品のポジフィルムをアーカイブから探し出して郵送する。急ぎの場合は、着払いのバイク便で発送することもある。アーカイブ化されていない作品については、「新撮」と言って、新たに写真を撮りおろすことになるため、料金が高くなる。そんな記憶が残っている。

ポジフィルムを受け取った側は、それをコピーした後、美術館に返却することになっていた。しかし、その作業の途中でフィルムの損傷や紛失があれば、編集部側はそれなりの補償金を払わなければならない。

さらに、編集者の多忙のせいか、返却が忘れられていることもよくあった。その催促のために、学芸員は余計な時間を費やすことになるのだった。

日本では「レンタルフォト」「レンタルポジ」などと呼ばれたアナログ時代のストックフォトサービスも、基本的には同じようなことをしており、家内制手工業のような業態と言えた。クライアントは、あらかじめ配布されているカタログの中から利用したい写真を指定して、ストックフォトサービス業者に連絡を取る。業者側の担当者は、指定されたポジフィルムをアルバムや作品庫から抜き出し、クライアントに物理的に発送する——という手順だった。

余談だが、当時は企業の新製品発表会などでも、報道陣向けのプレスキットの中に「紙焼き」と呼ばれる製品写真のプリントとポジフィルムが納められていることが多く、その費用もそこそこかかっていた（企業によってはコストを抑えるために、キットに同梱《どうこん》するのは紙焼き写真だけに留め、ポジが必要な出版社は個別に広報担当者に連絡を取って、後日郵送してもらう、ということもあった)。

美術館のポジ貸し出しのケースでは、借りる側も、収蔵されていることがわかっている作品の写真から必要なカットを探すので、比較的スムーズに目的のものが見つかる。しかし、ストックフォトサービスから借りる場合は、カタログが分類されているとはいえ、そもそも意図に合った写真を探すだけで一仕事になる。それが見つからなければ単なる徒労に終わるか、イメージに近いもので妥協するしかない。

加えて、補償の義務や返却の手間もある。そういうことを考えると、利用する写真が大量になればなるほど、逆にサービスとして使いにくくなってしまっていたのだ。

この状況は、ストックフォトのカタログや製版用写真がデジタル化され、CD－ROMなどで発送されるようになって、多少は改善された。だが、クライアントからのニーズが高まれば高まるほど、また、それに応えて写真ライブラリが充実すればするほど、検索性や迅速性にボトルネック(効率的に進まない部分)が生じる、という悪循環を引き起こした。

インターネットの出現は、こうした問題点を一掃した。ビジュアルを提供する側にとっても利用する側にとっても、まさに革命と呼ぶべき環境の変化を作り出したと言える。

具体的には、ビジュアルを提供する側は、ウェブサイトを使った高度な検索システムを構築することで、膨大なライブラリへ瞬時に、かつ24時間いつでもアクセスできる方法を整備した。片や利用する側は、求める条件を設定するだけで、目的のビジュアルを簡単に絞り込むことが可能になった。しかも、そのデータをすぐにダウンロードして使えるので、スピード感が求められる現代のビジネスでも、タイミングを逃す危険が少なくて済む。

最近では、ストックフォトサービスが提供するデータも、写真だけでなく、動画やインディーズ系のＢＧＭ音楽素材にまで拡がっている。これも、デジタルデータの汎用性やインターネットの高速化による恩恵なのである。

アップルの役員にＭＢＡは少ない

近年、企業にとってのインターネットは、公式ウェブサイトに加えて、フェイスブックやツイッターなどのソーシャルネットワークを通じたマーケティングチャンネルとされている。これは、ブランディングの「出口」としての利用法と言える。

しかし、これまで説明してきたように、インターネットは、高度に発達したオンラインのストックフォトサービスを介して、質の高いビジュアルを得るためのツールにもなる。いわば、ブランディングの「入口」として使うというやり方である。

ただし筆者は、「デジタル技術を使わなければ優れたブランディング活動はできない」とか、「アナログ写真はブランド構築に向かない」というような短絡的な発想をしているわけではない。

それは、「文系と理系、どちらの方が企業にとって優れた人材か」という議論にも似ている。そんな問いに、単一の答えはあり得ない。実際、どちらが優れているかは、企業の業種はもちろん、部署によっても違ってくるはずだ。さらに、同じ職種でも、「営業は分析だ」と科学寄りの捉え方をする会社もあれば、「営業は直感だ」と芸術志向の考え方をする会社もある。要は、きちんとした結果さえ出せれば、文系か理系かは関係ないのである。

たとえばアップル社では、アプリケーションソフトウェアの開発チームを、エンジニアだけでなく、心理学を専攻した者や、保育士の資格を持つ者も含めて構成している。

実はアップル社には、アメリカの大企業で重視されるＭＢＡ（経営学修士）を取得している役員は少ない。スティーブ・ジョブズの右腕として、１９９７年から同社を支えてきたワールドワイド・マーケティング担当上級副社長に至っては、専攻が英語と生物学。病院でシステムアナリストとして働いたこともあるが、マーケティングの専門教育は受けていない。

ピーター・Ｆ・ドラッカーの言葉に、「事業で結果を出すとは、問題を解決することではなく、機会を生かすことだ」というものがあるが、アップル社では学歴よりも、まさに「目の前の機会をどう捉えて生かし、結果につなげられるか」が重視されている。そのために、論理的な分析を活用するのがよいか、あるいは直感を信じて突き進む方が有利かを、状況に応じて使い分けることも必要になる。

理想を言えば、企業の個々のプロジェクトもブランディングも、科学性と芸術性の両方をバランスよく備えるべきで、ジョブズはこれを「テクノロジーとアートの交差点」と呼んだ。彼が新社屋となるマザーシップ２の設計を依頼したノーマン・フォスターのモットーも、「建築は芸術と科学の融合」であった。ジョブズがいかにこの視点を大切にしていたかが理解できるだろう。

アート性をエンジニアリングで実現したジョブズ

この点をもう少し掘り下げてみよう。本書の冒頭から触れてきたように、ブランディングとは、表面的なロゴのデザインやキャッチフレーズだけで成り立つものではなく、企業活動のすべての細かい積み重ねが反映するからである。

企画の出し方やプロジェクトの進め方が変われば、それは自ずと製品やサービスに表れてくる。シェルのブランディングマネージャーも語ったように、製品やサービスが持つコアバリュー（中心的な価値観）を伝えるものがビジュアルであるならば、まず、コアバリュー自体を明確にする必要がある。そのために、アップル流の「テクノロジーとアートを融合させる方法論」は、かなり有効に使えるはずだ。

たとえば、エンジニアリングとは、多かれ少なかれ妥協の産物である。アップルといえども、製品開発では、入手可能な素材、納期、コストなどの制約を受ける。理想とすべき仕様があっても、完全にその通りに仕上げるのは難しい。エンジニアにできるのは、ベストの妥協点を見つけることだけだ。

企業によっては、その妥協点がコスト重視に偏り、使い勝手が悪いものを作り出してしまう。あるいは技術至上主義に陥って、用途を絞り込めずに、多機能な製品を市場に送り出してしまう企業もある。

これに対し、ジョブズは、まず解決すべき問題点を直感的に洗い出し、それらに優先順位を付けて、上位のもの以外は切り捨てた。その上で、残った課題について、可能な限りエレガントな解決法を考えた。そして、見つかった解決法を、エンジニアリングの力で実現していく。アート的な簡潔性と洗練を軸に据えることで、エンジニアリングの目標を明確化し、ブレのない製品作りを実現したのだ。

ただし、その代償として、テクノロジー側を担うエンジニアリングチームには、かなりの負担がのしかかる。一世を風靡し、アップル社復活のシンボルとなった初代ｉＭａｃには、美しい半透明ボディを採用したため、ＣＲＴ（ブラウン管）の電磁波を防ぐための金属カバーや特殊な内部塗装を施すことができなかった。また、成型時の粘度が高いポリカーボネート樹脂に色素を均一に混ぜ合わせる工程も一筋縄では確立できず、それぞれ新たな解決法を見つけ出す必要に迫られた。また、ケーブル類を接続する側面の入出力端子部分は、筐体《きょうたい》の曲面に合わせたドアで隠せるようになっているなど、製造にも手間がかかる構造だった。

しかし、そうした特徴のおかげで、消費者はすべての面にｉＭａｃの新規性を感じ取り、「これを使うことで未来の情報環境の一員となれる」という意識を持つことができた。この感覚は、テクノロジーとコスト計算のみから生まれた製品からは、決して得られない種類のものだった。

長年、ジョブズとライバル関係にあったマイクロソフト社のビル・ゲイツは、優れた経営者ではあったが、本質的にはエンジニアだったため、ｉＭａｃの魅力を理解できなかった。ゲイツは「いったいユーザーは何に騒いでいるのか？　カラーか？　ドアか？」と首をひねるばかりだった。それがまさに、ジョブズとゲイツ、ひいてはアップルとその他のコンピュータ関連企業を分かつポイントと言えた。

ジョブズのゲイツ評は「彼にはテイストがない」というものだ。この場合、テイストという言葉には、「センス＋嗜好《しこう》性」といったニュアンスがある。まさに、この「センス＋嗜好性」こそがアートに求められる要素であり、それを卓越したエンジニアリングと融合させたことが、アップル社躍進の秘密だった。

その後の両社の逆転劇は、ご存じの通りである。ゲイツの引退後、マイクロソフト社も少しずつ、アップル的な考え方を製品開発に採り入れるようになっている。

再現されたマリリン・モンローの美しさ

ビジュアルに話を戻すと、２０１２年の７月末から８月上旬にかけて、東京・渋谷の旧山手通

ネガフィルムから最新技術で美しくプリントされたマリリン・モンローの写真

り沿いにある「DAIKANYAMA T−SITE」の蔦屋《つたや》書店で「素顔のマリリン・モンロー」という写真展が開かれた。これは、代官山蔦屋書店が8月3日から販売とレンタルを開始する『マリリン7日間の恋』という映画DVDのプロモーションを兼ねたイベントでもあったのだが、ここにもテクノロジーとアート、またデジタルとアナログの特性を巧みに活かし合ったブランディングを見ることができた。

通常、DVDのプロモーションは、ハリウッドの超大作でもない限り、このようなリアルなイベントと連動させて行われることは少ない。また、もともとDVDはデジタル技術を使うツールであり、今なら動画の紹介はインターネットを使う方が適しているため、ウェブサイトを利用してキャンペーンを行うケースが大半だ。

しかし、主催者はそのようなテクノロジー寄りの見せ方だけでなく、アート的なアプローチも採用したのである。

しかも、その写真展で使われた40点余りの写真は、デジタルプリントではなかった。版権を所有するゲッティ イメージズが、自社のアーカイブに保管している当時のネガフィルムから一点一点、印画紙に焼きつけたゼラチン・シルバープリントだったのである。

ゲッティ イメージズは大手デジタルメディアカンパニーの一つだ。同社はインターネットの可能性にその黎明《れいめい》期から着目し、膨大なデジタルフォトと、デジタル化されたアナログフォトのコレクションをクラウドベースで自在に検索できるシステムを整備している。だが同時に、過去160年以上の写真の歴史を物語る貴重なプリントやフィルムもアーカイブ化しており、素顔のモンローを写した数々の写真も、そのフィルムコレクションと職人の技を駆使して仕上げたものだった（前ページ参照）。

さらに、ゲッティ イメージズによって、著作権などの基本的な権利関係がクリアされていたため、ライセンス供与はもちろん、この写真展のように、プリントした作品の販売も実現できたのである。

会場を訪れた人々は、モンローの珍しい日常的な姿や表情を堪能すると共に、口々に本物のプリントの美しさを賞賛し、コンピュータの画面内のバーチャルな展覧会とは異なるリアルな写真の力を感じていた。

これも、DVDをプロモートするブランディングの一環だったと言える。このように、テクノロジーとアートを融合した視点で、目的に応じてデジタルとアナログのビジュアルを使い分けることも、これからのブランド構築には重要な要素である。

興味深いのは、同じゲッティ イメージズが設けている、人類で初めて月面に立ち、2012年8月に82歳で他界したニール・アームストロング元宇宙飛行士の追悼ページ（http://tinyurl.com/9gokh9q）だ。こちらでは、同社の写真ライブラリの検索画面をそのまま利用し、結果の絞り込みや、利用条件を設定した価格の確認が直接できるようになっている。

このページでは、ビジュアルを提供する側が、アナログにとって最適な見せ方の手法を追求すると同時に、デジタル的な表現の可能性も突き詰めている。つまり、ここでもすでにテクノロジーとアートの融合が行われているのである。

第2章

中国の女優はなぜ海外で人気があるのか

百貨店の時代から、一貨店の時代へ

ここまで、「ブランドの確立と維持には優れたビジュアルの利用が不可欠である」という話をしてきた。しかしブランディングは、優れたビジュアルがあれば完結するというものではない。そのビジュアルを伝える器としてのメディアの選び方や、そこへのビジュアルの収め方も、同じように重要なのである。

「消費者の目に触れるコンテンツを充実させれば、ブランド価値が上がる」という考えは、「良い商品を作れば、飛ぶように売れるはずだ」と期待することに似ている。商品が良いというのは大前提であるべきで、良さ自体に絶対的な強みがあるわけではない。大切なのは、その良さをどのように伝えるかである。

たとえば、筆者が取締役を務める小売業のアシストオンは「一貨店」を標榜《ひょうぼう》している。「百」貨店ではなく、「一」貨店である。

実は、百貨店も産業革命の産物だった。19世紀の半ばから後半にかけて、物品を大量に製造できる態勢が整ったことで、バラバラに存在する専門店ではなく、それらを一括して扱う業態が生まれたのだ。

そして、ジャンル別に分かれた個々の商品フロアやコーナーを「デパートメント（部門）」として扱ったため、店舗全体をデパートメントストアと呼ぶようになった。ちなみに「デパートメントストア」を「百貨店」と訳した人のセンスは素晴らしいと思う。

ともあれ、百貨店には、商品分野ごとにバラエティ豊かな製品が取り揃えられている。もちろん、それらの品質は、信用を重んじる百貨店自身が担保しており、その価値は「何でも揃い、安心して買える」ところにある。そして、売り場が発するメッセージは「さあ、この中からお好きなものをどれでもお選びください」というものだ。

これに対し、アシストオンが目指す一貨店では、商品分野ごとに厳選した1～3種類程度の製品しか置いていない。提供される価値は「最高のアイデアとデザイン」。売り場からのメッセージは「ここから選んでいただければベストです」となる。

写真の力を、メディアと見せ方で増幅せよ

ここで、コンテンツを商品、メディアを店舗と考えてみよう。百貨店と一貨店の両方で、同じ商品（コンテンツ）を扱う場合でも、当然、店舗（メディア）における商品（コンテンツ）の置

き方や見せ方は自ずと異なってくる。百貨店は「広がり」を印象づけ、一貨店は「深み」を見せようとする。

また百貨店は、消費行動に結びつくわかりやすさとして、知名度の高い商品を揃える傾向にある。これに対し一貨店は、商品の知名度と関係なく、優れたアイデアとデザインを持つアイテムをピックアップし、徹底的にその良さを伝えることで購買意欲をかき立てる。

事実、アシストオンが扱う商品は、一般消費者には知られていないものも多く、扱いの後に広く認知されるようになった製品も少なくない。今では、海外の新興メーカーが、まずアシストオンに自社製品を置いてもらえるように働きかけてくることもある。そうしたプロダクトの魅力を市場で最初に伝えていく上で、やはり大きいのはビジュアルの力だ。

特にウェブページには、メーカーの広報写真よりもディテールに踏み込んだ写真や、異なるアングルから撮影した写真、使い方がわかりやすくイメージできる写真を独自に用意して、掲載している。これまで日本で知名度がゼロに近かったアイテムやブランドにも興味を持ってもらえるように、という最大限の努力である。

そのために、写真掲載の順番や、カラーバリエーションの並び、デザイナーのポートレートとインタビューの掲載など、写真単体の力をレイアウトによって増幅するような見せ方を常に追求している。

確固たるブランディングのために優れたビジュアルコンテンツを使うことは必要条件だが、それだけで十分条件とは言えない。公開する媒体や見せ方など、メディアにも気を配ってこそ、写真や映像の力が生きてくるのだ。

「箸置き」の力で売れるマンゴープリン

メディアとコンテンツの使い方、見せ方として、もう一つ大切なことがある。それは「押し付けになってはいけない」という点である。

筆者自身も含め、消費者は、新しい情報を知ることに喜びを覚えるものだ。美しい写真を見る、新製品の使用法を知る、既存製品のプロの利用法や裏ワザ的なテクニックを教わる、愛用商品の秘話を聞く……など、ブランドの確立には、消費者の側から興味を持ってもらうことが重要だ。情報を押し売りしては、かえって逆効果となる。

また、コンテンツとメディアの切り口もさまざまだ。そこで、ターゲットに応じて、何が効果的な情報の種類で、何がインベイシブ（押しつけがましい）ではないアプローチなのかを考える必要がある。

インターネットがなかった時代、企業は基本的に、印刷メディアやラジオ、テレビを介して消費者にアプローチするしかなかった。それが今では、写真、イラスト、動画、音声はもちろん、それらをまとめたマルチメディアプレゼンテーションの形でも、ウェブサイトやソーシャルネットワークを通じて消費者に情報を発信することができる。
あるいは、マスメディアやインターネットだけではなく、リアルな世界のさまざまな物体もメディアとしての利用が可能だ。このことを意識しておけば、ブランディング活動の視野を拡げられる。

一例を挙げよう。筆者は、若き日のスティーブ・ジョブズがアップル社から追われてネクスト社を設立し、日本での発表会のために来日した際に、ホテルオークラでインタビューを行った。当時は現在のようなインターネットも存在せず、わずかにアップル関連の書籍やアメリカ本国の専門誌などを通じて予備知識を得るしかなかった。

ところが、わかってくるのはジョブズの気難しさや激しい気性のことばかり。これでは当日が思いやられる。そこで筆者は、彼がアップル時代に心血を注いだマッキントッシュのアイコンをレイアウトした名刺を自作し、初対面の挨拶のときに差し出した。すると、彼は親しげに話してくれ、インタビューもスムーズに進行した。

インタビューを終え、部屋から出たとき、日本でジョブズの世話をしていた担当者が「あんなに上機嫌なジョブズさんを見たことはありません」と話しかけてきた。瞬間的に、この日のジョブズが普段とはまったく違っていたらしいことが理解できた。

きっと、マックのアイコンをデザインした名刺を作った効果であろう。この名刺が、ジョブズが筆者に興味を抱くという効果を生み、その結果、心を開いてインタビューに応じてくれたのだと思う。

これは筆者という個人を売り込んだ例だが、アイデアさえあれば、実にいろいろなものがブランドにつながるメディアとなって、企業のビジネスを成長させる。その例として、筆者もよく利用する「糖朝《とうちょう》」という香港発祥のデザートレストランを挙げておきたい。

もともと小さな甘味処からスタートした糖朝は、マンゴープリンが名物だが、途中から粥や点心、麺類などもメニューに追加して、事業拡大に成功した。マンゴープリンは、日本の店舗でも本店と同じく、わざわざフィリピンからマンゴーを空輸し、秘伝のレシピで手作りされている。そのため、１個７３５円と、本国で買うときの倍以上の値段になるのだが、今でも糖朝のシンボル的存在だ。

この糖朝の店に入り、席に着くと、箸置きが黄色い変わった形をしていることに気がつく。丸みを帯びた逆三角形で中央にハート形をあしらっており、マンゴープリンと同じ形をしているのである（資料14）。

ところが、この箸置きは、香港や台湾の店では見かけないアイテムだ。おそらく日本でのブランディングに当たって、糖朝とマンゴープリンの関係を強く印象づけるために、わざわざ作られたものと考えられる。

客が席にいる間、マンゴープリンを意識させることで注文につなげる。あるいは、注文に至らなくても、その関係性を潜在的に顧客の脳裏に焼きつけて帰ってもらう。そのための視覚的な仕掛けである。

事実、糖朝に触れた一般のブログなどを見ると、多くのユーザーが箸置きを写真に収めている。中には「これを目にしただけでテンションが上がり、マンゴープリンを注文する気分になる」といった口コミ情報も書き込まれていて、着実に効果が上がっていることがわかる。これは、過度の宣伝を行うよりも、はるかにブランディングにとって有効なマーケティングと言える。

第1章で取り上げたイケアも、特に欧米では、いわゆる「ゲリラマーケティング」が得意な企業としても知られている（資料15）。パリの地下鉄駅の壁面広告スペースにリビングや書斎の大きな写真を貼り付けた上で、その手前に自社のソファを並べて電車待ちのベンチ代わりにするとか、ニューヨークの地下鉄の吊り革を鍋つかみの手袋に置き換えるとか、街中のバス停をリビングルームに変身させるといった、日常のあらゆるものをメディアとして利用する姿勢を見せている。

最近は、日本でもスマートフォンやiPadなどのメディアタブレットデバイスが普及し、地下街や駅の構内などにデジタルサイネージ用の縦型大型ディスプレイも設置されてきた。これは、従来のマスコミのチャンネルや固定的なコンピュータ画面に制約されることなく、さまざまなビジュアルの見せ方や情報との接触が可能になったことを意味している。

コンテンツとメディアの使いこなしには、アイデア次第で、これまでにないブランディングへの応用を実現できる余地がまだ多く残されているのだ。

社内プレゼンでもプロの写真を使え

先のセクションで述べたことは、何も大規模な企業キャンペーンに限った話ではない。むしろ、身近な細かいアクションの積み重ねが、スタッフ一人一人の意識を変え、大きなうねりとなって企業のブランディングに影響を与えていくことも多い。

その意味で、企業の中で個人が手をつけやすいビジュアルの活用分野として、「社内プレゼンテーション」がある。

あなたの会社では、重要な企画や方針を提示する際に、ビジュアル材料として何を使っているだろうか。もし、プレゼンテーションソフトの付属クリップアートなどのイラストでお茶を濁しているようであれば、先行きは要注意だ。限られた選択肢の中から妥協して選んでも、それは伝えたいメッセージの核心を伝えるものにはならない。

また、アイデアやコンセプトについては、提示する側と受け取る側との間にズレが生じることが普通であり、それを埋めていくのがプレゼンテーションに課せられた役割だ。そのズレを埋められない、あるいは、かえって拡げてしまうようなビジュアルであれば、いっそ省いた方が害がないくらいである。

これに対し、先に挙げたシェル石油など、ストックフォトサービスとサブスクリプション契約(月当たりの利用枚数の範囲を決め、それ以下であれば、自由にストックフォトサービスのライブラリからビジュアルデータをダウンロードして利用できる契約)を結んでいる企業はまったく違う。日常的なプレゼンや企画・報告文書の作成にも、プロが撮った質の良い写真を当たり前のように利用しているのだ。そうしなければ、「社員の一人一人が企業のブランドを体現する存在である」という意識を持たせることができない。

先進的な企業の中には、「身近なプレゼンテーションにおける手抜きは、ブランドという街を守る堤防に空いた穴だ」と見なすところもある。

プレゼンの半分が見るに堪えない

筆者の経験からも、プレゼンの際に真剣にビジュアルを選ぶことは、自分の考えをより明確にし、より効果的な全体構成を考える上で非常に役に立つ。逆に、安易に「ありもの」で済ませようとする姿勢は、以下に述べるような悪循環の始まりになってしまう。

まず注目したいのは、少し前からプレゼンテーションの世界で深刻化してきた「デス・バイ・パワーポイント(パワーポイントによる死)症候群」である(資料16)。これはもともと、2001年4月に、ある記者がオンライン記事の中で指摘した問題で、プレゼンテーションソフトのテンプレートに従って文字を埋めていくことで情報過多に陥り、かえって言いたいことが不明瞭になる症状を指す。

先の資料によれば、地球上では1日当たり３０００万回ものパワーポイント・プレゼンテーションが行われ、この瞬間にも１００万件のプレゼンが進行中とされている（２００7年時点での推定値なので、現在はさらに増えている可能性が高い）。そして、少なく見積もってもその半分は、見るに堪えないものだというのだ。

それは、そうしたプレゼンテーションが、「単に情報を伝えればよい」とか、もっとひどい場合には「上司に命令されたから」という理由で作られていることが多いためとされる。その対極に位置するのが、自分が関わっているプロジェクトや属している企業のブランド、ひいては社会全体に対して「意味のある違い」を与えるために行われるプレゼンテーションだ。

自らが与えたい「違い」は何なのか？　それがはっきりしていれば、プレゼンテーションも自ずから明確なものになる。細かすぎる数字のデータや多くの文字種を駆使して、内容を飾り立てる必要はない。

端的に言えば、スライドのページごとに、一枚の適切な写真と、そこで訴えたいことを要約した一言があれば十分である。後は、自らの声と身振りで熱意を伝えればよいのだ。

付け加えるならば、「参加者の手元に配られるプリントアウトと画面のイメージがまったく同じ」という構成は最悪であり、それではプレゼンテーションを行う意味がない。どうしても手元に配布すべき資料がある場合、筆者は、プレゼンの後で配るか、プレゼンが終わるまでは閉じたままで話を聞いてもらうようにしている。

聴衆は、資料を読むためではなく、ビジュアルとスピーチが融合したプレゼンの世界を体感するために会議室や会場に足を運ぶのだ。それに応えられなければ、わざわざ発表しなくても、メールなどの回覧で済む内容にすぎない。

アニュアルレポートに優れた写真を使うサムスン

次に、個人レベルではなく会社全体として取り組むべきなのは、「アニュアルレポート」の質の向上である。

日本語で「年次報告書」と訳されるアニュアルレポートは、会社によっては事業報告書的な色合いが濃い。しかし本来は、単なるその年の財務的な総括に留まらず、将来に向けた経営目標を明確に示し、それを達成するためのビジネス戦略や克服すべき課題、株主に対する公約などにも言及したものでなければならない。ある意味で「企業のマニフェスト」とでも言える存在だ。

近年、日本でも大企業を中心にＩＲ（インベスター・リレーションズ＝投資家向けの財務広報）活動が注目され、その流れに沿った年次報告を公開する会社も増えてきている。しかし、そもそも欧米では、アニュアルレポートを発行していない企業は、どんなに利益を上げていても一流とは見なされない。「投資対象として信頼できない会社」というレッテルを貼られてしまうのだ。

したがって、未来へのビジョンを持ち、投資家の信用を得て資金調達に結びつけたいと考える経営者は、しっかりしたアニュアルレポートを制作して配布したり、インターネット上で閲覧できるようにしたりといった努力をしている。これは中小企業でも同じである。

反対に、「年次報告なのだから、業績を示す数字や情報が伝わればそれで十分」と軽視してしまっては、プレゼンテーションの失敗と同じ轍を踏むことになる。写真を用いる場合でも、担当者があり合わせで準備したようなものを使っていては、決して好印象を与えることはできない。アニュアルレポートもそれと同じである。

ここで、優れたビジュアルを用いた例として、サムスンのアニュアルレポート（http://tinyurl.com/cyatu9）を挙げておきたい。色調は抑え気味だが、一見すると商品カタログかと思えるほど作り込まれており、個々の事業分野の説明ページには、そのジャンルを代表する自社製品と、そのユーザーをイメージしたモデルたちの写真、そして、彼らが口にするであろうサムスンの技術への想いや感謝の言葉が綴られている。

後半には、財務関連の数字や表が並ぶページも続いているものの、全体の構成は明らかに、投資家たちを株式に関する顧客と見立てて自社をＰＲするスタイルだ。

そう、投資家も形を変えた顧客だと考えれば、アニュアルレポートがどのような形を取るべきかは明らかだろう。消費者用のカタログを、文字や数字だけで埋め尽くしてはならないのと同じことである。

アップル社の記念撮影に世界最高の写真家が

この項の締めくくりとして、改めてアップル社の驚くべき事例を紹介しておこう。

実は、同社のアニュアルレポートは、本書では落第点をつけたいほどの素っ気ないもので、ほとんど監督官庁に提出する報告書類に近い。アップル社は世界一の保有現金と時価総額を持ちながら、２０１２年７～９月期からやっと17年ぶりに配当を再開したほど、株主に冷たい企業なのだ。

だが、これはすでに強固なブランドイメージを築き上げたアップル社だから許される行いであり、他社の参考にはまったくならない。生前のスティーブ・ジョブズは、一時的な株価の上下などまったく意に介さず、アナリストの言葉に耳を傾けることもなかった代わりに、製品とユーザーと市場に全神経を注いでいた。再配当が始まった現在も、基本的にはその路線が引き継がれている。

そして、本当の意味で驚かされるのは、同社の次のような側面なのである。

アップル社は、目下、ＡＤＥ（アップル・ディスティンギッシュト・エデュケーター＝アップル認定の優秀な教育者の意）というプロジェクトを全世界規模で推進している。そのメンバーは、アップルの製品を用いて教育や学習環境にさまざまな変化をもたらしている教育者たちであり、幼稚園から大学まで、全世界で１５００名以上が活動中だ。

ＡＤＥでは、アップル社のスタッフが現場の教師たちとディスカッションを行い、最新の教育メソッドのハンズオンセッション（体験しながら学ぶセッション）などを提供する。その目的は、同社独自のテクノロジーを教育へ応用していくことにある。

筆者は、ＡＤＥの大きなイベントがアイルランドで行われた際に、同国第二の都市であるコークの近くの古城で、メンバー全員の記念撮影が行われているシーンに居合わせたことがある。

他のコンピュータ関連企業は、もとよりそこまで教育に熱心に取り組んではいないが、仮にこのようなイベントを主催するとしても、記念撮影は担当社員が行うか、現地の写真スタジオなどに依頼するくらいがせいぜいだと思われる。

ところが、その現場に現れたのは、ピューリッツァー賞をはじめ数々の有力賞の受賞歴があり、世界で最も影響力を持つフォトジャーナリストの一人と言われるビル・フレークスだった。しかも、クレーン車を使っての大掛かりな撮影が敢行された。

これは、決してＣＥＯの就任式でもなければ、新社屋の落成式でもない。関係者以外、ほとんどその存在すら知らないような教育イベントの記念撮影である。そのような時でも、世界最高のプロと言える写真家を使って撮影させる。それこそがアップル社を特徴づける、ビジュアルのクオリティ重視の姿勢なのだ。

水平思考がブランドを確立する

前述したように、アニュアルレポートの位置づけ一つとっても、日本と世界では意識の上で大きな違いが存在する。最近では、日本の株式市場でも海外投資家が増えたため、そうした差も埋まりつつあるが、やはり「黒船」が来てから対処したかのような印象は否めない。

かつて「垂直思考」と「水平思考」という言葉が流行ったことがあった。日本では今なお、従来の延長線上でものを考え、何かが大きくバランスを崩さない限りは既存路線を維持しようとする「垂直思考」が主流になっている気がしてならない。誰かが穴を掘って宝を見つけると、皆で群がって同じ穴を拡げながら掘り下げ、さらに深いところに第二の宝があるのではないかと期待してしまうのだ。

ところが、まだ見ぬ宝は、その穴から少し離れたところに眠っていることも多い。それを見つけるのに必要なものは、常識（と思い込んでいるもの）から離れて、目の前の課題にさまざまな角度からアプローチを試みる「水平思考」の考え方である。そして、ブランドを確立して維持できる企業は、この水平思考に秀でている。

もちろん、発想を変えて横に掘り進めば新しい宝が手に入るとわかっていても、一人（一社）

でそれを行うのは気恥ずかしく、リスクも大きいため、なかなか手が出せないのも事実だ。しかし、古典的なブランドでさえも、最初は他とは異なる発想で自らを差別化し、現在の礎を築いてきたことを忘れてはならない。

「一目でわかる革新性」が生んだシャネルブランド

たとえばルイ・ヴィトンが評判を勝ち得たのは、１８５８年に、人々の旅行のスタイルが変わったことにいち早く気づいて、平らなトランクを作ったことによる。それまでのトランクは、馬車などで移動する際に雨ざらしで積まれることが前提となっていたため、丸みのあるフタを持ち、雨水が溜まらないようにデザインされていた。だが、旅客船などの登場によって、移動中も室内保管が主流となったことから、大量の荷物を重ねて効率よく運べるようにと発想を変え、平らな形が生まれたのである。

あるいは、シャネル創立者のココ・シャネルは、今では女性らしいとされるシャネル・スーツ（ブレードと呼ばれる飾り紐で縁取られたウール地のスーツ）で一世を風靡したファッションデザイナーだ。しかし、１９５５年発表のこのスーツは、実は紳士服の素材や仕立てを応用したものであり、婦人服にポケットを付けたのも、このスーツが初めてだった。さらに、彼女が最初に注目を浴びたのは、第一次世界大戦中に労働者階級の服の素材とされていたジャージーをドレスに流用し、しきたりやコルセットでがんじがらめだった当時の女性ファッションに一石を投じたからなのだ。

これらの革新性なくしては、ヴィトンもシャネルも、伝説的と言えるブランドにたどり着くことはできなかった。革新の裏に技術や機能の違いがあったことは間違いないが、差別化のポイントが視覚的に一目でわかるものだったことにも注意しておきたい。

特にココ・シャネルは、シャネル・スーツを着たモデルに、わざとポケットに手を突っ込ませてファッションショーのランウェイを歩かせた。当時の女性の仕草としてはかなり物議を醸したはずだが、それによって、従来とはまったく異なる時代の到来を宣言したのである。今ならば、彼女は、そのポーズを納めた写真やビデオを、ソーシャルネットなどを通じて配信したに違いない。

情報のオープン化で復活したバーバリー

最近の例では、バーバリーが一時、ブランディングの危機に直面したことがある（資料17）。2006年に同社のCEOとしてアンジェラ・アーレンツが就任したとき、バーバリーのブランド価値は時代遅れとなっていた。

それまでの同社は、古くからの顧客にこだわり、商品を多角化して、巨大なアパレルコングロマリットに対抗しようとしていた。しかし、それで勝てる相手ではなく、かえってブランドを希釈化してしまったのだ。

そこでアーレンツは会社に「水平思考」を持ち込み、まず、自社の価値がどこにあるかを見つめ直すことから始めた。その結果、世界市場を見据えながらも、イギリス的であることの象徴で、自社製品の代名詞でもあったトレンチコートの復権にリソースを集中する。それはファッションショーの構成にも及び、コート中心のコレクションにしたのはもちろん、ＢＧＭもモデルも、すべてイギリスをイメージさせるものに切り替えた。

そして、もう一点、他の高級ブランドが狙わなかった、１９９０年代以降に生まれた世代をターゲットに据えた。すると、当たり前のように、デジタルコミュニケーションの分野にも踏み込まざるを得なくなる。

これも、従来の高級ブランドにとっては鬼門だった。なぜなら、高級衣服という分野のブランディングは、厳しく情報をコントロールすることによって成り立っていたからだ。

バーバリーは果敢にそこに挑み、自らのブランドを新たに「デモクラティック・ラグジュアリー（大衆的な贅沢）」と定義づけることで、ジレンマを解消した。いわば「開かれた高級ブランド」にしたわけである。そこでは、可能な限り情報をオープンにし、企業と顧客を対等の関係に位置づけ、マスメディアからソーシャルメディアまで共通の価値観を貫くマーケティングが徹底されていた。

バーバリーがその再ブランディングに当たって活用したのは、やはり印象深いビジュアルだった。同社は「アート・オブ・ザ・トレンチ」(http://artofthetrench.com)と名づけた独自のソーシャルサイトにおいて、トレンチコートの着こなしを伝え、啓蒙《けいもう》し、共有する「場」を作り出した。そこには、世界中の顧客から投稿された写真も掲載されている。

このブランドのリストラ(再構築)は大成功を収め、バーバリーの売り上げは、対前年比で24%増を記録したそうである。

誰も気づかなかったアップル社のビジネススキーム

先手を打てば必ず勝てるほど、ビジネスは甘くない。それでも、横並びや後手で追いかけることに慣れてしまっては、勝てる勝負もドローに持ち込まれたり、下手をすれば逆転負けを喫したりする羽目になる。

また、先手を取ったならば、そのリードをキープするために、絶えず知恵を絞り続ける必要がある。知恵が出せないのであれば、フォロワーの座に甘んじるしかない。

かつて、デジタル音楽プレーヤーの分野では「クリエイティブ・テクノロジー」というシンガポールの企業が、そして、スマートフォンの分野ではブラックベリーで知られる「RIM(リサーチ・イン・モーション)」というカナダの企業が、それぞれリーダー企業でありトップブランドだった。

しかし、現在ではそのいずれもが、ｉＰｏｄとｉＰｈｏｎｅを擁するアップル社の後塵《こうじん》を拝している。

アップル社は、製品開発において、両分野で先手を打ったメーカーではなかった。その市場に踏み込んだ理由も、先行した2社に脅威を感じたからではなく、また、他社がそこそこ成功を収めている市場のおこぼれに与《あずか》ろうと考えたからでもない。

アップル社は、製品単体ではなく独自のサービスとの融合において、それまでどこも気づかなかったビジネススキームを考え出し、その部分で先手を打ったのだ。

簡単に言えば、そのスキームとは「安価で、消費者にとって使い勝手がよい音楽やアプリのオンラインダウンロードサービスを用意し、そのサービスと最も相性の良い製品として自社のハードウェアを売る」というものである。

クリエイティブ・テクノロジーやＲＩＭに限らず、他社は、音楽やアプリを販売する場合、そこから利益を上げようとした。したがってオンラインサービスは価格帯も高くなり、消費者から敬遠されて、ビジネスとして離陸できずにいた。

対するアップル社は、当初、オンラインサービスで利益を上げることは考えなかった。あくまで、消費者が店舗でパッケージ購入するのが当たり前だった音楽やアプリを、ダウンロード購入させるための「誘い水」としたのだ。そして、それらの再生環境として、利益率の高いハードウエアを販売した。
今ではアップル社のオンラインサービスも単体でそれなりの利益を上げているが、その部門には「決して利潤追求にはならないように」という指示が出ている。なぜなら、ここで必要以上に利ざやを稼ごうとすると、ビジネスモデル自体の崩壊につながるからだ。

日本流のダメな常識を疑え

こうした逆転の発想は、何も企業の根幹に関わる大プロジェクトだけではなく、身近なところからでも始められる。先の社内プレゼンテーションなども好例であり、「文字で埋めていたところを写真に置き換えたらどうなるか」と考えるだけでもよい。それによって、話の仕方や間の取り方など、演出に関わる部分も自然に変わってくる。

身内の例で恐縮だが、筆者の実家はかつて菓子屋を営んでおり、店にはドリンクの自動販売機が置かれていた。当たり前だが、売れ筋の商品は早くなくなり、そうでない商品は仕入れても余ってしまう。

しかし、本当にお客様は指名買いをしているのだろうか？　単に数ある商品から選ぶのに迷って、「いつものドリンク」や「CMで見たことのある飲料」を買っているのではないか？
そう考えた弟が、あるとき自販機内に、人気のないドリンクだけをランダムに取り混ぜて補充した列を作り、対応するボタンのサンプル缶に白い紙を巻いて「？」マークを描いた。つまり、何が出てくるかわからない列を用意したわけだ。

するとと面白いことに、その列が一番早く売り切れるようになり、しかも、どんなドリンクが出てきてもクレームがつくことはなかった。「？」ボタンを押すのは、運試しのつもりの人、選ぶのが面倒で自販機に任せた人、単純に面白いので仲間を呼んできて順番に買ってみる人など、さまざまだったが、結局のところ、一番楽な選択肢が「？」だったということだ。煩《わずら》わしい説明を書かずに、「？」だけで興味を持たせたのもプラスに働いた。

やがて、この自販機の試みは日本経済新聞で紹介され、いろいろなところで真似されるようになって、今に至っている。このように、身近な常識を疑う習慣をつければ、水平思考的な考え方もさほど難しくなくなるはずだ。

日経ＢＰビジョナリー経営研究所研究員の谷島宣之氏が、こんなことを書いている。

会社で、仕事の責任者をはっきりさせようと提言した社員が上司に呼び出され、「もっと大人になれ」「今にわかる」などと、はっきりしない言葉で説教された。仕事の区分がはっきりしているアメリカ流の仕事の進め方がすべてではないが、全員が和を尊ぶだけの日本の組織もいけない。「今にわかる」と言われた通りにして「もっと大人に」なってわかったのは、日本流だけではダメだという「当たり前」のことだった――。

まさに同感である。

ポートレートを自らプロデュースする超一流スターたち

日本と世界の違いと言えば、著名人のポートレート撮影に関しても興味深い話がある。

日本の俳優や女優も、それなりに有名になれば、ポートレート撮影の際にお気に入りの写真家を指名して撮らせたりする。しかし、それはあくまでも雑誌のグラビアや写真集の企画などで、仕事としての撮影を行う場合の話だ。

また、所属するプロダクションが宣材（宣伝材料）用の写真を撮影する場合もあるが、いずれにしても写真は、出版社やプロダクションが管理し、権利を守っている。

タレントの肖像権の保護は、プロダクションの業務の一部であり、肖像の価値が不当に貶《おとし》められないためにも必要なことだ。しかし、一方では「守りすぎることの弊害」も生じている。日本の芸能人の肖像権を守りすぎると、彼らが海外で活躍する機会を奪うことにつながってしまうのである。

ハリウッドに目を向けてみよう。レオナルド・ディカプリオやブラッド・ピットといった超一流のスターたちは、「セルフアサインメント」と呼ばれるフォトセッションを積極的、かつ定期的に行っている。

彼らはセルフアサインメントで、自ら費用を負担し、指名した写真家にポートレートを撮らせる（左の写真参照）。それもじっくりと時間をかけて、そのときに一番アピールしたい自分の様子を写真に収めていく。

こうして撮ったポートレートは、通信社を通じてシンジケーション、すなわちマスメディアに配信される。この仕組みによって、世界中の新聞社や雑誌社、テレビ局などがそのスターの最新の写真を入手し、掲載、放映することが可能になるのだ。

写真家を指名し、自らの費用で行う「セルフアサインメント」で撮影されたブラッド・ピットのポートレート

今、ヨーロッパでは、雑誌などのメディアで、エキゾチックでファッショナブルであるとして、中国の女優たちがさかんにもてはやされている。その理由は、やはりシンジケーションに対する彼女たちの意識が高いため

だ。

たとえば、カンヌ国際映画祭では、日本を含めて各国から招待されたスターたちを対象に、スタジオを借りてフォトセッションが行われる。しかし、日本人の俳優や女優の場合、パーティに出るのが忙しいのか、あるいは日本から来たマスコミの対応に追われるのか、これを短時間で切り上げてしまう傾向があるという。

これに対して中国の女優たちは、ドレスアップした写真が配信されたり、海外の芸能誌や報道機関の検索対象になったりすることの重要性をよくわかっている。そのため、ハリウッドスターのセルフアサインメントと同様に、じっくり時間をかけて、異なるカットを何枚も撮影させる。そうすると、数の論理で、必然的に各国のメディアから注目される機会が増え、話題にもなる。彼女たちがヨーロッパの雑誌で人気を得たのも、そういう努力が大きな要因となっている。

日本の場合、芸能界におけるさまざまなしがらみから、そういうことが自由にやりにくい事情もあるのだろう。だが、芸能プロダクションも海外進出を本気で考えるのであれば、こうした世界標準的なプロモーションの方法を採り入れて、タレントのグローバルブランディングを考えるべきときが来ているのではないか。

ここではわかりやすく、ハリウッドや中国のスターの例を挙げたが、こうした話は企業にとっても大いに参考になるはずだ。ストックフォトサービスとウェブサイト、ソーシャルメディアなどを連動させて、消費者に対する直接的なブランドの訴求ができる時代である。すべて広告代理店任せで写真の手配や宣伝活動を行うことは、ある意味で、自らブランディングを放棄していると等しい。

ブランドのコントロールに全身全霊を傾けたジョブズ

もちろん、筆者は広告代理店の役割を完全に否定しているわけではない。どこまで自らの手でブランディングを行い、どこまで代理店に任せるか。それは、自前の写真や動画とストックフォトサービスのビジュアルデータを使い分けるように、あるいはデジタルメディアとアナログメディアを使い分けるように、バランスの問題である。

つまり、広告代理店「任せ」にしてしまうことが主体性の欠如なのであって、広告の内容やターゲットに応じて、マスメディアへのチャンネル確保や制作の外注先として代理店を利用することは、今後もあっていいだろう。ただし、その場合でも、シェル石油のように、自社規定のブランディングガイドラインに則ったビジュアルを供給できるシステムなど、ブランドの根幹部分をしっかり掌握することが求められる。

故スティーブ・ジョブズもアップル社の広告戦略に代理店を活用したが、リストアップされた広告出稿先の雑誌名のリストは、常に自らチェックすることを心がけた。そして、訴求する商品にそぐわないものを削除すると共に、必要と判断すれば、リストにない雑誌でもすぐに追加し、メッセージの出口をコントロールしていた。

また、第1章でも触れた「シンク・ディファレント」キャンペーンのプロモーションビデオでは、ジョブズは編集作業に徹夜で付き合い、ナレーションを自ら吹き込んでいる。ブランドの復活に必要と思われる要素にすべて関わり、全身全霊を傾けたのである。

ただし、ジョブズによるナレーションは、広告が彼のパーソナルなメッセージとして受け取られないように、放映時にはアカデミー賞男優のリチャード・ドレイファスのものに置き換えられた。これも、企業としてのブランディングのバランスを考えた結果であった。ちなみに、プロ顔負けのジョブズ版ナレーションが聴ける「シンク・ディファレント」の映像は〈http://tinyurl.com/6l67qg5〉で見ることができる。

原始的な「DM」でポルシェが売れた

前述のように、バーバリーは「1990年代以降に生まれた世代をターゲットにする」と決断したが、そのとき必然的に、ソーシャルネットをブランドのメッセージチャンネルに含めざるをえなくなった。そのことが示すように、現代の市場には、画一的なマスマーケティングで捕捉できる「大衆」は存在しない。

日本国内に限っても、大衆の時代は1970年代中期に終焉《しゅうえん》を迎え、それ以降は、興味も嗜好も人生の目的も細分化された「分衆」が広告やブランディングの対象となった。その後も「少衆」「個衆」「微衆」、果ては「超微衆」なる言葉まで生み出されるほど、市場は多様性を見せている。

その結果、順番に買いそろえるべきものがあり、それが大ヒット商品を生む原動力ともなっていた、かつての大衆の消費行動は変容した。そして、次に何を買うべきかがわからず、ネットコミュニティの口コミやソーシャルメディアでの情報共有を介して、意外なモノやサービスが流行る社会が訪れた。

面白いことに、「大衆の時代」においては、大きな流れに巻き込まれているからこそ、一人一人は個性的であることを夢見た。しかし、「分衆化」が進むと、人々はまとまりがないからこそ、「どこかで結びつきたい」と願うようになった。その結びつきの象徴となりうるものの一つがブランドであり、個人の中には、今も昔に劣らずブランドへの憧れが存在する。

したがって、分断化された市場の中で、どのようにターゲットを特定し、ブランドに対するターゲットの憧れをどのように増幅して消費や購買につなげていけるかが、これからの企業に求められる資質となる。ところが大半のマーケティングの専門家は、この期に及んでも、「大衆という幻影」を対象にした戦略を立案しがちだ。

だからこそ企業は、自分たちが選択したターゲットに向けて、自ら伝えるべきメッセージに適したビジュアルを選定し、リアルかネットかを問わず最良の情報伝達手段を用いながら、ブランディングを行っていかなくてはならない。

その成功例を一つ紹介しておこう。大企業でもメーカーでもないが、写真を巧みに利用することで、扱っている商品のブランド力を、その商品とは無縁だと感じていた人々の中で膨らませて販売に結びつけた、ユニークなカーディーラーの例である（資料18）。

そのカーディーラーは、カナダのトロントにあるポルシェ販売店のパフオートというところで、市内の比較的裕福な住宅地に住む人々がターゲットだった。車種が車種だけに、ブランド自体は広く知れ渡っている。しかし、ポルシェを買えるだけの経済力があったとしても、そのブランドが心の中に印象づけられなければ、実際の購買にはつながらない。

そこで、パフオート（と同社が組んだ小さな広告代理店）が採ったのは、ダイレクトメール（DM）戦略だった。

ダイレクトメールとは、このインターネット時代に何と原始的な広告手段だろう！　と驚く人も多いと思う。しかし、原始的であるだけに、意外性とピンポイント的な訴求の適切な組み合わせがうまく行けば、大きな効果が生まれる。

各住宅の郵便受けに配られたDMには、こうした住宅地でよく見かける、ガレージ前のドライブウェイから公道に出て走り出そうとする白いポルシェの写真が美しくレイアウトされて載っていた。その下に書かれたキャッチコピーは「あなたが思うよりも身近な存在です」。

もし、これを筆者や読者の皆さんが見たらどんな反応を示すだろうか。実にありきたりな内容だから、おそらく、すぐにゴミ箱行きにしてしまうだろう。

しかし実際には、このＤＭを受け取った家の32％、約３分の１が、試乗の予約を受け付けるウェブサイトにアクセスしてきたのである。これは、この種のダイレクトメールの反応としては驚異的な高率だ。

なぜ、そんなことが起こったのだろうか？

実は、試乗を申し込んできた人たちは、そのＤＭを見て本当にポルシェを身近に感じたのである。それもそのはず。ポルシェと一緒に写っていたガレージとドライブウェイは、自分の家のものだったからだ。

そう、このＤＭを作ったチームは、コンピュータ、プリンタ、発電機を積んだバンと白いポルシェを走らせて住宅地に出向き、これはと思う家の前にポルシェを停めて写真を撮ったのだ。その後すぐにレイアウトと印刷を行って、できたてのＤＭを郵便受けに入れて帰ってきた。

このやり方によって、不特定多数を対象としたＤＭに生じがちな無駄を最小限に抑えつつ、効果は最大限に上げることができた。これは、人々の心の中に潜在的にあったポルシェのブランドへの憧れが、ＤＭによって顕在化し、増幅されたからである。そのメイキングの模様を収めた動画は〈http://vimeo.com/46439060〉で公開されている。

このパフオートのケースは、大衆マーケティングとは無縁の小さな広告代理店と組み、自前の写真を利用して成功した例だ。このやり方を応用すれば、将来的には、たとえばショールームから持ち帰るさまざまな商品カタログにも工夫ができる。ストックフォトの写真とその場で撮影したイメージを組み合わせて、顧客ごとにカスタマイズしたカタログを作る、といったアイデアが考えられるだろう。

このように、広告代理店に丸投げせず、誰にでも手の届くテクノロジーを使いながら、予算を抑えつつ斬新なブランディングを行うことは十分に可能だ。そのためには、自社の企業価値をもう一度徹底的に考え直し、利用できるリソースを見定めることが求められる。

第3章

群れから抜け出した会社のビジュアル戦略

ストックフォトとは何か

ここで、すでに何度か述べてきたストックフォトサービスに関する情報をまとめておくことにしよう。自分のビジネスのブランディングとの接点を考えながら読み進めれば、ずいぶん参考になる読者もおられることと思う。

まず、ストックフォトとは、商業目的で使われる写真素材を、あらかじめ撮影し、保管（ストック）しておくものだ。今、写真素材と書いたが、実際には静止画だけでなく、動画や音楽などのマルチメディアデータも含まれる。サービス形態としては、それらの素材を探している顧客に対して、使用範囲や期間に応じた利用権を販売するスタイルになっている。

世界的に見れば、ストックフォトはすでに、企業の広告や内部資料の作成、クリエーターによる商業デザインなどに欠かせない存在になっている。また、出版社における雑誌や書籍の編集などの分野でも不可欠だ。しかし日本では、デザイナーや編集者などを中心にかなり認知度は上がっているものの、企業における活用という点では依然として遅れが目立つ。

ストックフォトの特徴を、「メリット」「カテゴリー」「ライセンス」の観点からまとめると、次のようになる。

目的のビジュアルはほぼ確実に見つかる

ストックフォトを利用することのメリットは、大きく見て三つある。

①　**時間の節約**

新たに写真を撮影する必要がない。ストックフォトサービスが用意した専用の検索画面で、必要なイメージのキーワードの入力や条件設定を行うだけで、求めるビジュアルが入手できる。そのため、時間的なロスを最小限に留められる。

②　**イメージの適合性**

単純に考えると、既存のライブラリから選ぶのであれば、限られた点数の中から要求に合うデータを見つけるのは難しいと思う人もいるかもしれない。しかし、実際には、その規模が膨大（業界最大手のゲッティ イメージズの場合で８０００万点以上）なので、目的に適合するビジュアル材料はほぼ確実に見つかる。

③ コストの削減

カメラマンを手配すれば、撮影費用はもちろん、内容に応じてモデル、スタイリスト、メークアップ、スタジオなどの代金がかかる。ロケが発生するケースでは、交通費なども見込む必要がある。また、打ち合わせや撮り直しなど、見えないコストも発生しがちだ。

しかしストックフォトであれば、すでに存在する写真について、明快な料金体系に従って利用権の対価を支払うだけでいい。トータルでコストダウンになり、しかも利用枚数や回数が多いほどコストメリットも大きくなる。

ストックフォトのカテゴリーは「写真」「動画」「音楽」

ストックフォトのカテゴリー（素材の種類や応用の範囲）は、ほぼ次の3種に集約される。

カテゴリー① 「クリエイティブ・フォト」と呼ばれる広告・デザイン用の写真

風景や名所、人物、建築、さまざまな製品などが、単体で、または組み合わされて写っている写真。従来は、主に広告代理店やデザイン事務所によって、企業の広告やカタログ、商品パッケージ、店頭ディスプレイ、ウェブサイトデザインなどの制作に利用されることが多かった。

しかし海外では、企業自ら、社内資料に至るまでブランディングを徹底する際に用いたり、外部に向けたプレスリリースに使ったりしている。また、ソーシャルメディアの普及と共に、企業がイニシアチブを取って消費者に直接ブランドメッセージを発信する際、クリエイティブ・フォトを利用するケースも増えてきた。

カテゴリー②「ストックフッテージ」「ストックビデオ」などと呼ばれる動画素材

①のクリエイティブ・フォトに準じる被写体を、ビデオによって記録した動画素材のこと。主に映像プロダクションが、テレビ番組、映画、コマーシャルなどに向けて加工・編集し、挿入するために使われる。

カテゴリー③「ストックオーディオ」と呼ばれる音楽素材

インディーズ系の楽曲を中心として、製品やサービスのプロモーション映像のＢＧＭなどで使用されることを念頭に用意された音楽素材。さまざまなジャンルや長さのデータが用意されており、ボーカルの有無などを指定して検索することもできる。

また、これらの商業利用とは別に、報道目的の「エディトリアル・フォト」と呼ばれる写真の配信サービスも存在する。オリンピックをはじめ、野球、ゴルフ、サッカーなどのスポーツイベントや有名人のポートレート、あるいはニュースの素材になるような写真が対象となっており、主に新聞社や雑誌社、テレビ局などのマスメディアに利用されている。

加えて近年は、一眼レフタイプのデジタルカメラにハイビジョンの動画撮影機能が付いたことによって、ニュース映像のようなエディトリアル系のHDフッテージも増えている。

こうしたエディトリアル・フォトは、人物名やイベント名で検索されることも多い。逆の見方をすれば、世界規模でマスコミに取り上げられるには、このエディトリアル・フォトでカバーされていることが重要になる。

効率とコスト面で大きなメリット

ライセンス形態は、次の3種類が一般的である。

無料の素材データはストックフォトには含まれないので、どれも有料での利用が前提だが、その分、クオリティや権利関係において安心して使えるように配慮されている（一方、無料のサービスの場合は、特に各種の権利がクリアされていないケースもあるので注意が必要だ）。

①　ロイヤリティフリー（略称：RF）

使用権を一度購入すれば、追加料金や利用回数の制限なしに、同じビジュアルを何回でも使えるようにしたライセンス。独占使用権は付与されない。また、著作権フリーとは異なり、撮影者や版権所有者が著作権を有している。

個々のデータに使用許諾範囲が設定されていることが多いが、別途ライセンス料金を支払えば、それを越えて使用することが可能な場合もある。サービスによっては、ダウンロードに利用できる編集用のコンピュータの数も決められている。社内で大量の写真を利用する場合などに向いている。

②　ライツマネージ（略称：ＲＭ）

利用される媒体や期間、回数、地域などが細かく決められており、それに基づいて算定された料金を支払って使用するライセンス。

それぞれのビジュアルの使用履歴をユーザーが確認できるので、他社とのバッティングを避けることができる。逆に、一定期間のみ他社に使用されたくなければ、別途、独占使用権を設定することも可能だ。そのため、撮り下ろしの写真に近い形で利用する場合に適している。

③　ライツレディ（略称：ＲＲ）

ゲッティ イメージズが、ストックフォトの利用を簡便化するために考案したライセンス形式で、使用目的と期間に応じてビジュアルを固定価格で利用できるシステム。使用回数や地域に関する制約もない上、独占使用権の設定が可能だが、適用は動画データに限られる。

このようにストックフォトは、企業が明確な意図を持っていれば、ブランディングでビジュアルを利用する際、効率やコストの面で大きなメリットをもたらしてくれる。これまで海外では、いち早くストックフォトの自社ビジネスへの融合を図った企業から、大きな成果を上げてきた。第4章で触れるように、日本でもすでに新興企業から業界トップクラスのメーカーまで、自社の「伸びしろ」を真剣に考える組織がストックフォトに注目し、活用を進めている。他の会社でも、ブランディングへの意識が高まれば高まるほど、自社ビジネスとストックフォトの接点を熱心に模索するようになるはずだ。

限られた予算でも最高の写真が使える

ストックフォトのカテゴリーで最初に挙げた「クリエイティブ・フォト」の分野では、比較的サイズが小さく、価格的にも安価なビジュアルの需要が高まってきた。その流れは、特にインターネットを利用した広告形態が普及してから加速した。

この広告形態には、特定のウェブサイトの読者を対象とする「バナー広告」や、検索サイトで入力されたキーワードと関連あるアイテムを表示する「検索キーワード連動型広告」などが含まれる。

ウェブページで表示される広告写真は、印刷物に使う写真と比べて、解像度の低い、小さなものでも問題はない。一方で、ウェブ広告の予算は限られていることが多いため、結果として、ストックフォトのスモールサイズの写真がそのニーズに合致したわけだ。しかも、すべてがネット上で完結するので、印刷された雑誌広告のように固定的ではなく、同じスペースに次々と異なるビジュアルを表示できることも後押しとなった。

また、印刷メディアの広告は、掲載されているだけで効果があると見なされ、発行部数や雑誌内での位置によって料金が決まるが、ウェブでは仕組みが異なる。ウェブ広告は「クリックされること」が効果を示す重要な指標になり、クリック数によって対価も変動する。

閲覧者のクリックを誘発するには、ビジュアルの的確さやクオリティの高さが大切なのは言うまでもない。したがって、サイズは小さくても画質に妥協のない、ユーザーニーズと合致したイメージが表示されることが必須になる。

そうしたユーザーニーズは、一般的なウェブページやブログの場合、サイトのテーマに沿ったものと考えられ、検索サイトでは入力キーワードから導き出されてくる。しかし近年、よりピンポイント的にそのニーズにたどり着くことのできるウェブサービスが登場した。それは、ソーシャルネットワーキングサービス（ＳＮＳ）だ。

ＳＮＳでは、他のネット上の個人ページよりもユーザーのプロフィールが明確になっており、書き込まれた情報のタイムラインや友人とのつながり、コメントなどによって、ユーザーの嗜好性もはっきりわかる。こうした特性から、ソーシャルメディア上の広告は驚異的な成長を記録している。メディア広告調査会社のＢＩＡケルシー社が２０１２年５月に発表した資料によれば、アメリカだけでも1年当たり21％の伸び率を見せ、16年には98億ドル（約７６６３億円）規模に達するとされている。

広告の効果を上げる三つの条件

こうしたソーシャルメディア広告の可能性にいち早く着目し、ストックフォトのメリットを、広告を通じてクライアント企業のブランディングに結びつけている企業に、アメリカのオプティマル社がある。

筆者は、同社のマーケティング担当副社長のティム・クラーク氏に、なぜストックフォトがソーシャルメディア広告と相性が良いのか、その理由を直接尋ねてみた。

オプティマル社の創業は２００８年と若いが、ＳＮＳのリーダー的存在であるフェイスブックの拡大と共に成長を続けており、特にそのユーザー属性の分析には定評がある。もちろん、すべての情報は、フェイスブックの利用規約に沿ってユーザーが公開に同意したもののみを利用しているが、独自の解析によって、ユーザーごとの適切な広告の表示はもちろん、現実の社会における消費行動に関する推測もできる。それらがクライアントにとって、同社の大きな魅力となっている。

クラーク氏は過去のセミナーで、「ソーシャルメディア広告の有効性を向上させるためには、高品位なイメージを積極的に使用していくことが必須だ」と語ったことがある。まず、その点に関して説明を求めると、次のような答えが返ってきた。

「私たちは経験から、広告で最大の効果を得るには、『正しいイメージ』と『的確な見出しコピー』、そして『ユーザーの行動を喚起する広告メッセージ』の三つの要素を確実に押さえる必要があると考えています。これはフェイスブックの広告に限らず、どのようなインターネット広告でも同じです。中でも、特に質の高いビジュアルイメージは、ユーザーの意識を広告に向けさせる上で、きわめて重要です」

また、多くのクライアントを満足させるには、単に高品位のイメージが数十枚あればよいというわけではなく、ライブラリの隅々まで品質が維持されていることが求められるという。

「ヘビーユーザーのクライアントでは、一日に作られる広告の数も、何百、何千という単位になります。そのすべてに、ユーザーの注意を惹きつけずにはおかないビジュアルが含まれている必要があるのです」

「クオリティ」「規模」「リアルタイム性」の三拍子が揃う

オプティマル社のサービスは、リアルタイム性に優れた画像検索のインフラによって支えられている。このインフラと、ユーザー属性分析のノウハウとの組み合わせが、内容とターゲットに関して他の追随を許さないソーシャルメディア広告を生み出すのだ。

「(ストックフォトに関して) 我々は、ゲッティ イメージズが開発した「コネクトAPI」を介して、同社のサービスを利用しています」(クラーク氏)

APIとは、「アプリケーション・プログラミング・インターフェース」の略で、あるサービス(この場合にはゲッティ イメージズのストックフォト検索システム)を他のアプリケーションに組み込んで利用したい場合に、両者の橋渡しをするものだ。

オプティマル社では、コネクトAPIを利用して、自社のフェイスブック広告制作ツールにゲッティ イメージズの検索システムを融合している。そのため、わざわざゲッティ イメージズのサイトで写真を検索した後に、その結果を自社ツールに読み込むという手順を踏まなくても、効率的に広告が作れるようになっているのだ。

クラーク氏は続ける。

「コネクトを利用した理由は三つあります。まず一つめは、コネクトAPIを通じて得られるゲ

ッティ イメージズのストックフォトのクオリティにあります。それは単に画質という意味だけでなく、ＩＰ（知的財産権）を含めてのクオリティという話です」

クライアントが広告を依頼する場合、広告効果を求めるのはもちろんだが、「決して自社のブランドを傷つけない」という安心感も重視される。そのために、中でも広告で使われるビジュアルの権利関係の問題は重要であり、どこからもクレームがつかないようにしておく必要がある。特に伝播性の高いフェイスブック広告では、良い情報も悪い情報も瞬く間に拡散するため、画質と共にＩＰ関連の権利がクリアになっているかどうかが非常に重要になる。それについて、

「ゲッティ イメージズのＩＰ管理体制は、私が見た他のどんなサービスよりもはるかに優れたものでした」（クラーク氏）

それでは、二つめの理由は何だろうか。クラーク氏は続ける。

「もう一つは、コネクトＡＰＩの組み込みの容易さです。我が社のエンジニアも、わずか数日で違和感なく融合できました。細かな調整を含めても、数週間程度しかかからない。これにもポジティブな印象を持っています」

実現される機能が素晴らしくても、導入の初期段階で無駄な時間がかかったり、最適化に手間取ったりするようでは、企業が導入するのには向かない。その点で、オプティマル社は、ストックフォトの自社技術へのインテグレーション（融合）を効率よく実現できたことになる。

そして、クラーク氏がコネクトを採用した理由の三つめに挙げたのは、同業他社に対する圧倒

的なアドバンテージ（優位性）だった。

「私たちはコネクトAPIのアーリーアダプター（初期採用者）となったために、他社に先駆けて、クオリティの高いビジュアル材料に容易にアクセスできるようになり、早い段階で競争力をつけることができたのです」

アーリーアダプターとは、新しい技術や製品が世の中に広まる前に、まず自らが試してみてその価値を見極めようとする先進的な層を指す。オプティマル社はコネクトAPIの融合に積極的に取り組み、アーリーアダプターとなったことで、先手必勝の好例のように、ソーシャルネット広告会社としての成功を摑んだのである。

クラーク氏は、「今後のソーシャルネット広告は、ますますモバイル環境に特化し、ユーザーの現在位置を加味したジオ・ターゲット的な様相を帯びていく」と予測する。そうなれば、必然的にグーグルのような地図・検索サービスとの競合も生じるが、氏は「最終的に人々は、フェイスブックのようなソーシャルネットワークの方に信頼を置いて物事を調べるようになるのではないか」と見ている。

そのときに重要なのは、ビジュアルのクオリティやライブラリの規模に加えて、リアルタイム性である。つまり、ビジュアルを利用した広告をどれだけ迅速に制作して利用者まで届けられるか、という点だ。

オプティマル社では、「この三拍子が揃ったストックフォトサービスはゲッティ イメージズしかない」と考えている。現在の競争力の高さを維持していく上で、今後ともゲッティ イメージズとのパートナーシップを強化していく方針だという。

ウェブサイトは企業にとって「店頭」だ

最近では、情報の質や作り込みの差こそあれ、ほとんどの企業がインターネット上に公式のウェブサイトを持つ時代になっている。

ここでも例として、筆者が取締役を務めるアシストオンを採り上げる。かつて、アシストオンのような小売店が事業規模を拡大する手法としては、支店を増やすことが一般的だった。実際、アシストオンにも、札幌や大阪、福岡などのお客様から、「地元に支店を作ってほしい」という要望が寄せられることがある。

しかし、アシストオンは支店を増やさず、ウェブサイトを充実させることに重点を置いている。確かに店舗が増えれば、短期的な売り上げの伸びは期待できる。だが、ブランディングの観点から見ると、支店のスタッフのクオリティやサービスを本店と同レベルに保つのは、なかなか容易ではない。

たとえば、大手カフェチェーンのスターバックスの創立者であるハワード・シュルツは、ビル・ゲイツとスティーブ・ジョブズを信奉しており、味へのこだわりや個性的な店構えを武器に、店舗数を拡大していった。ところが、１９９０年代の急成長期が終わると、利益追求の弊害で味の低下や店の均質化を招き、２００３年から08年にかけて、１６００余りの店舗を閉じることになった。

もちろん、カフェの場合は、リアルな店舗で顧客にコーヒーを提供する必要があるため、通販も可能な商品の小売店とは事情が異なる。しかし、それでも極端な拡大政策のせいで、スターバックスほどのブランド力のある企業でも、求心力が弱くなってしまったのである。これは筆者の推測だが、業績悪化の原因を見る限り、外部に向けたイメージ戦略は成功していても、内部的な企業価値の浸透が徹底できていなかった部分があったものと思われる。

こうした意識の弛《ゆる》みを防ぐためには、やはりシェル石油のように、社内の掲示板に使う写真に至るまでブランディングガイドラインに沿ったものを選ぶ、といった努力も必要だったのではないか。

いずれにしても、大きな固定費がかかり、リニューアルも簡単にはできない実店舗に対し、ウエブサイトは比較的リーズナブルなコストで運営できる。さまざまなアイデアを試して、取捨選択しながら、うまく機能するものだけを残して強化することも可能である。ウェブサイトは企業にとって、いわばネット上の顔であり、店頭《ストアフロント》なのだ。

このことは、ソーシャルネットワークが発達した現在でも変わらない。ソーシャルネットワーク上のみで、企業がビジュアルを使ってブランディングを行うことは難しい。なぜなら、情報そのものが行き交うだけのツイッターには「ページデザイン」という概念がなく、一方、フェイスブックではページレイアウトが統一され、ユーザーの自由度が低いからである。

したがって、「自社のウェブサイト」におけるビジュアルの使い方が、企業のブランディングにとっては重要な意味を持ってくる。

訪問者のサイト滞在時間をコントロールせよ

かつて、ウェブサイトの有効性を計る指標として、「訪問者数」や「閲覧回数」が基準となっていた。ところが、テレビやネットの視聴率調査会社のニールセンは、２００７年、「サイトでの滞在時間」を重視する方針に転換した。これは、他の指標との比較分析によって、滞在時間が、最も安定したサイトの価値評価の基準であることが判明したためだった。

サイト滞在時間は、ユーザーがあるサイトを訪れてから離れるまで、閲覧された各ページごとに、一つのページが開かれた時刻と次のページが開かれた時刻の差を取って計測される。そして、それらを合計したものが最終的なスコアとなる。

実際には、それで滞在時間が完全に正確に測れるとは限らない。一ページだけ見てサイトを離れた場合の滞在時間や、離れる直前に見ていたページの滞在時間は、同じサイト内で次に訪れたページがないため、計測できない。また、あるページを開いたまま、別のタブで異なるサイトを閲覧してから元のページに戻った場合は、そのページを見ていなかった時間も滞在時間に加算されてしまう。

これらは、計測手法の限界から不正確になるケースである。それでも、サイトの価値を判断する一つの大きな要素であることは間違いない。

ただし、だからと言って、「サイト滞在時間が多いほどよい」と考えるのは早計だ。確かに、企業の理念や目標などをじっくりと理解してもらうようなページについては、滞在時間が長いほど、効果が上がっていると考えられる。一方で、通販ページでは、顧客に短時間で購買の意思決定をしてもらいたいので、回転率を高める方がよいとする考え方もある。

このように、サイト内のページの種類や目的に合わせて滞在時間を増減させる上でも、ビジュアルが果たす役割は大きい。企業理念を伝えるページでは、閲覧者を惹きつけるビジュアルや、一定の時間、意識を集中させられる動画などを配して、滞在時間を延ばすことがサイトの価値を高める。逆に通販ページでは、商品の魅力を一瞬で理解させるようなイメージを用いて、購入に至るまでのプロセスを短縮することが、サイトの価値を高める。

ちなみに、グーグルなど検索サービスのサイトデザインが素っ気ないのはなぜか、おわかりだろうか？　それは、ユーザーの滞在時間を極力短くし、次々と新たな検索をしてもらって、広告収入につながるトラフィックを増やすことに重点が置かれているためだ。

一般企業のウェブサイトでも、滞在時間を長くすべきページと短くすべきページを分けて考え、それぞれ見合うビジュアルを利用しなければならない。もちろん、目的ごとに的確なビジュアルを効率よく揃えるのは大変な作業だ。しかし、先にも述べたように、さまざまなアイデアを試しやすいウェブサイトだからこそ、運営しながら効果の高いイメージに短期間で切り替えることができる。

そのための正しいイメージにたどり着く早道としても、ストックフォトサービスは大いに役立つのである。

驚くべきビジュアル効果の高さ

先に紹介したオプティマル社は、いろいろな企業規模のクライアントを抱えているが、中でも目を惹くのが、ＤＩＭＧこと「ディズニー・インタラクティブ・メディア・グループ」に提供しているサービスだ。

ＤＩＭＧは、ディズニーが有するアニメーションや実写映画のコンテンツデータを利用して、パソコンやゲーム機、あるいは携帯電話向けに、エンターテインメント用などのコンテンツを制作、提供している企業である。

ディズニーほどのメディアカンパニーであれば、当然、自前のビジュアルソースを豊富に持っている。さらに、そこからデータ化したストックイメージも大量に保有、管理している。

当初、ＤＩＭＧはオプティマル社のシステムを通じて、自社のストックライブラリにあるビジュアルイメージを広告に挿入していた。同社はさらに広告の効果を高めるべく、オプティマル社の提案で、「Ａ／Ｂテスト」と呼ばれる診断テストを行ったのである。

Ａ／Ｂテストでは、複数のビジュアル素材のセットを用意し、それらのセットを組み込んだいくつかの広告を並列的に公開して、閲覧している人たちの反応を見る。これによって、ビジュアル素材の違いがクリック率などの反応にどのような影響を与えるかが、一目でわかるのだ。テストの結果は、非常に興味深いものとなった。何と、ＤＩＭＧが自ら用意したビジュアルイメージより、オプティマル社が契約するゲッティ イメージズのライブラリから選んで使ったイメージの方が、２倍以上も広告パフォーマンスが高かったというのである。

違いがその程度だったのは、比較のために、固定的なビジュアルイメージを使ってテストを行ったためと思われる。仮に、ライブラリと連動して、反応の悪いイメージをリアルタイムで置き換えながらクリック率を向上させるコネクトＡＰＩを適用すれば、その差はもっと広がっていただろう。

このように、ビジュアルイメージの使い手として知られるディズニーでさえ、こと広告に関しては、自ら選択したビジュアルが、ストックフォトサービスの持つノウハウと技術の前では半分の効果も上げることができなかった。このことは、現在のストックフォトの水準がいかに高いものかを物語っている。

写真の力でインドに医師を派遣

意外なところでは、ＮＰＯ（特定非営利活動法人）の活動にもストックフォトサービスが役立っている。

世間の認識では、ＮＰＯは収益を上げてはいけない組織のように思われているふしもあるが、実際には、団体の構成員に分配せずに主たる事業活動に割り当てる限り、利益を得ても構わない。その意味では、名称に「法人」という言葉が含まれているように、利益の大半を事業に充当している点以外は、普通の企業と変わりがないとも言える。

ただし、活動資金がどこからか湧いてくるわけでもないため、さまざまな条件をクリアして助成金を受けたり、事業を通じて寄付を募ったり、関連商品を販売したりして、予算を確保する必要がある。いかに優れた活動内容を誇っていても、その告知がうまく行かず、賛同が得られなければ、資金も底をつき、解散の憂き目に遭う可能性が高い。

こうしたＮＰＯの活動の告知や報告にも、ビジュアルが大きな役割を果たす。しかし、これまではスタッフ自らが撮影した写真などが使われるケースが多く、どうしても記録的なイメージばかりが目立っていた。

市民の社会参加への意識が高いアメリカやヨーロッパでは、数十万人規模の会員を擁し、潤沢な寄付を活動資金としているNPOもあるが、あくまで少数派に過ぎない。また、発展途上国に薬品などを無償で提供するようなNPOでは、必要とされる予算の上限はないに等しい。寄付金だけでなく、実際に現地に赴いて治療に当たってくれる医師が求められている場合もあり、そうした活動の告知に当たっては、人の心を動かす力を持ったビジュアルが必須となる。

たとえば、「ディーファウンデーション」というNPOの財団は、まさにこうした活動を行っており、スキルを持つ医師たちをインドに送り込むことを計画していた。公式サイトのギャラリーページ（http://www.dfoundation.net/Gallery）には、このNPOが自前で撮影した活動の記録写真があり、一部にはスタッフだからこそ撮れる表情なども写っているが、やはり人を動かす力には乏しいと言わざるを得ない。

しかし、このNPOの活動に興味を持った写真家が、ゲッティ イメージズの助成金制度を利用して1万5000ドルの予算を獲得し、ストーリー性のある写真を現地で撮りおろすプロジェクト「パスウェイ」を立ち上げた。このプロジェクトによって、医師がインドで必要とされているという問題は、より広く知られることになった（http://tinyurl.com/ckugxbc）。

このケースでは、あらかじめストックされていた写真が使われたわけではない。逆に、「パスウェイ」のために新たに撮影されたビジュアルが、ストックフォトとして利用できる状態になったということだ。

このような活動を通して、ストックフォトサービスは、狭義の企業活動のみならず、社会全体にも大きなインパクトをもたらしている。

膨大なフォトライブラリが企業の中に

音楽流通のあり方を根底から覆したアップル社のアイチューンズ・ストア。ここは現在、音楽系オンラインストアでトップであるだけでなく、２００８年にＣＤセールス最大手の米スーパーマーケットチェーン「ウォルマート」を抜いて以来、音楽販売の最大手となっている。アイチューンズ・ストアの成功の要因は、実際に楽曲を手にするまでのプロセスを極力簡略化し、単にＣＤ売り場に足を運ばなくて済むようにしたことだけではない。加えて、コンピュータ上での操作や決済にかかる手間を可能な限り省き、ユーザーと音楽を直接結びつけたことも大きかった。

ストックフォトにも、同じことが言える。第1章でも少し触れたが、ストックフォトはかつて「レンタルフォト」「レンタルポジ」などと呼ばれ、フィルムの現物を人海戦術によって管理、検索、発送、回収するサービスを行っていた。これでは、レンタルフォトの利用が仕事の一部となっているデザイナーや編集者などのプロフェッショナルを除けば、手間と時間がかかりすぎて利用する気が起こらない。

ところがインターネットの普及に合わせて、ほぼすべてのストックフォトサービスがデジタルベースでのビジネスを行うようになった。それらの公式ウェブサイトにアクセスして検索し、希望のデータがあれば、ダウンロードして利用できる仕組みが整った。

現在では、さらに進んだサービスを提供するシステムが現れている。前述した、オプティマル社が採用して大きな成果を上げている「コネクトＡＰＩ」である。同社のクラーク副社長が、「写真のクオリティ、ライブラリの規模、そして検索とデータ利用のリアルタイム性の点で、これ以上のシステムはない」

と断言したコネクトＡＰＩは、企業のワークフローの中に、業界最大手のゲッティ イメージズが持つ膨大なフォトライブラリを融合するシステムだ。

企業はこの仕組みのおかげで、自社の業務用のアプリケーションやサービスから離れることなく、あたかも自前のフォトライブラリのように、トップクラスのビジュアルを活用できる。ブランドの構築や維持に関して、強力なアドバンテージが生まれるのは言うまでもない。

メタデータで多角的な検索が可能に

ゲッティ イメージズ以外のストックフォトサービスでも、コネクトＡＰＩと似た仕組みを提供中、あるいは開発中のところがある。しかし、それらは、クリエイティブ・フォトかエディトリアル・フォトか一方のみのサポートだったり、効率よく写真を管理、検索するための信頼できるメタデータが個々の写真にきちんと付加されていなかったり、といった難点を抱えている。

メタデータとは、「データ自体を分類するために付加される上位の（メタな）データ」を意味しており、ある情報（この場合にはビジュアル）に関する属性を記述したデータを指す。

たとえば、図書館にある書籍を考えてみると、メタデータが整備されていない状態では、本のタイトルや著者名、出版社名などの限られた項目に関してしか検索できない。しかし、メタデータがあれば、本のジャンルや使われている言語、発行年など、多角的な検索が可能になる。

写真などのビジュアルについても、このようなメタデータを専門家が用意して、紐付けしておくことによって、既存のプロユーザーのみならず新規の企業ユーザーであっても、求めるイメージを迅速かつピンポイントで見つけ出せるようになる。

ビジュアルが自動的に作成文書に組み込まれる

コネクトＡＰＩという優れた仕組みをいち早く市場に投入したゲッティ イメージズ。同社でビジネスデベロップメント担当上級副社長を務めるクレイグ・ピータース氏に、技術を提供する側から見たコネクトＡＰＩのメリットなどを尋ねてみた。

「ゲッティ イメージズは、常に『我々が持つビジュアルイメージとそのメタデータを企業がどのように活用できるか』について考えています。コネクトＡＰＩがなかった時代には、企業がゲ

ッティ イメージズのイメージを利用しようとすると、私たちのサイトで検索した後にビジュアルデータをダウンロードし、一度、自社のシステムに保存してから呼び出して使う必要がありました。

その場合、メタデータは企業側で付け直さなくてはなりません。あるいは、必要と思われるイメージを私たちからプッシュ配信することもできましたが、種類が限られる上、その会社のシステムを使ってイメージを保存、管理する負担が大きくなってしまう。ゲッティ イメージズの特徴であるメタデータや洗練された検索システムの恩恵も受けられなくなります」

では、コネクトAPIによって、この状況はどのように変わったのだろうか。

「たとえばコネクトAPIを利用しているAOLのオンラインニュースペーパー『ハフィントン・ポスト』では、ゲッティ イメージズのすべての写真をリアルタイムで検索し、彼ら自身のデジタル出版システムを使って、記事やギャラリーページなどに埋め込んで利用できるようになりました」（ピーターース氏）

この場合、メタデータが適用されるため、検索結果の最適化が図られ、記事などへのビジュアルの埋め込みは自動的に行われる。一方、ビジュアルの保存と管理はゲッティ イメージズに任せたままで済むため、ハフィントン・ポスト側の負荷は最小限に抑えられる。一般企業であれば、オンラインの広報誌や投資家向けの資料、社内プロジェクト、ウェブサイトの写真ギャラリーページなどに、そのまま応用することができる。

写真に続き、動画と楽曲も網羅

その他、スポーツ系ジャーナリズムの成長株で、タイム・ワーナー傘下のターナー・ブロードキャスティングに買収された「ブリーチャー・リポート」など、何万枚に及ぶ写真を掲載しているサイトも、コネクトＡＰＩを通じて、クリエイティブとエディトリアルの双方のビジュアルコンテンツを利用しているという。同じようにゲッティ イメージズとパートナー契約を結んでいる企業は、約１００社に上るとのこと。

このように、大量のビジュアルを次々に採用する必要のあるクライアントの要求に応えるため、ゲッティ イメージズは特に処理のリアルタイム性にこだわっている。スピードやスケーラビリティ（規模の増大に対応する力）を拡張していくために、３５０人以上のスタッフで構成される技術チームが開発に当たっているという。

「ゲッティ イメージズは、顧客のニーズを最大限に満たすことを目標として、コネクトＡＰＩが技術やビジネスモデルの革新を通じて、さまざまな企業ニーズを満たせるように工夫を重ねてきました。その可能性の大きさを一度に理解するのは難しいかもしれませんが、応用例をいくつか見ていただければ、コネクトＡＰＩの価値がはっきりとわかるはずです」（ピータース氏）

ゲッティ イメージズが扱っているのは写真だけではない。ビデオに関しては15年以上、音楽についても6年以上前から扱っており、コネクトAPIも近い将来、映像データに対応する予定だ。そして、ゲッティ イメージズ自身やフリッカー（写真の共有を目的としたコミュニティサイト）によるコンテンツに加え、AFP、ユニバーサル・スタジオ、ディズニー、ワーナー・ブラザース、スカイ・ニュースなど定評あるメディア企業から提供される映像など、多様なソースを網羅《もうら》することになる。

ピーターズ氏は、

「顧客中心のアプローチとデジタル技術の融合により、動画と楽曲のデータも写真と同じく、ゲッティ イメージズのビジネスにとって重要な位置を占めるようになるでしょう」

と予想を語って話を締めくくった。

気まぐれな消費者が生んだレジ・クーポン

スーパーマーケットのレジでの会計後に渡される「レジ・クーポン」というものがある。特定の製品を購入すると、次に同じ製品を買うときに割引されたり、同じメーカーの別の製品が安く買えたりといった、個々の消費者の「購買行動」に応じて発券されるクーポンだ。ターゲットマーケティングのための店頭メディアと言える（資料19）。

実際には、同じ製品や同じメーカーの製品のディスカウントだけでなく、トップブランド製品を購入した顧客にライバル製品を試してもらう（試食、試飲、試用など）のに用いられることもある。

１９８３年にアメリカで設立されたカタリナ マーケティングという会社がビジネス特許を持つこのシステムは、全世界では5万ヵ所、日本でも23の小売りチェーンの合計３０００店舗で展開されている。

ポイントは、このレジ・クーポンが「消費者は気まぐれである」という前提に基づくマーケティング手法であるということだ。主婦がスーパーなどで買い物をするとき、非計画購買率、つまり、店に来てから買うものを決めるケースは、アメリカで65％、日本では何と90％に達するという。

こうした消費特性にダイレクトにアプローチし、企業や店舗からの依頼によって、特定メーカーの製品を購入し続けてもらうため、あるいは逆に他社の製品にも目を向けてもらうために利用されるのが、レジ・クーポンなのだ。

ビジュアルはクーポンの役割を果たす

この消費者の気まぐれさというものは、ブランディングでも思わぬ落とし穴になる。たとえば、いつ訪れても同じイメージが表示されるウェブサイトのトップページや、変わりばえのしない商品写真が並んだショッピングサイトは、「一度見れば十分だ」と思われてすぐ飽きられ、親近感を持つ間もなく忘れられてしまう。別ページに誘導するためのビジュアルが魅力的でないケースも注意が必要だ。

「プラクティカル・イーコマース」という電子商取引関連のオンラインメディア（資料20）によれば、ショッピングサイトで初めて買い物をした顧客は、平均して5％しか同じサイトを再び訪れていないという。また、その2回目の訪問で商品を購入するのは再訪者の3％に過ぎない。これは、のべ60万人、25万回のトランザクションを対象にした調査の結果である。

こういった状況を改善する武器となるのが、ビジターの反応を見ながら、リアルタイムに、あるいは必要に応じて随時変更される魅力的なビジュアルイメージだ。こういう固定的ではないビジュアルは、企業サイトにとって、いわばレジ・クーポンの役割を果たす。フェイスブックの広告に表示されるビジュアルは、この「リアルタイム更新」の一例と言える。

ある企業のウェブサイトを訪れるたびに、興味を感じさせ、心に語りかけてくるようなビジュアルが表示されれば、同じサイトの別のページも覗く気になり、「次の機会にもこのサイトを訪れてみよう」と思うようになる。反対に、情報サイトの広告などで、競合他社がより魅力的なビジュアルを使って自社製品をアピールしていれば、そちらに誘導されてしまうこともある。

企業のウェブサイトでは、個々のページの滞在時間を分析して、ビジュアルの力を測ることが大切だ。たとえば、閲覧者に長く留まってほしいページなのにすぐ離れる人が多かったり、逆に短時間で商品購入を決めてもらうことを狙ったページで意思決定が遅れていたりすれば、ビジュアルを差し替えて、改めてフィードバックを得るべきだ。

プラクティカル・イーコマースでは、ショッピングサイトで「顧客が品物をショッピングカートに入れながら、購入に至らずにサイトを去ってしまうケース」を重視している。そして、そういう顧客の再訪率や再購入率を向上させるために、電子メールでフォローすることの有効性を説く。

その場合、やはり鍵になるのは、必ずメールの中に、ブランドのシンボルのビジュアルや、商品によって実現するライフスタイルを想起させるイメージを含めることだ。こうした努力によって、購入経験のある顧客で57％、非購入者でも21％ものサイト再訪率を記録したという。

ポリシーは「ホット、シンプル、ディープ」

ウェブサイトで利用するビジュアルをどのような基準で選べばよいのか。この問題を考えるとき、業種や事業内容にもよるが、アップル社の例が多くの人の参考になるだろう。同社は、その製品作りにも通じるが、「ホット、シンプル、ディープ」というポリシーを持っている。この「ホット、シンプル、ディープ」とは「斬新で、取っつきやすく、それでいて奥が深い」という方針を示すスローガンだ。

「ホット」、つまり一目見て新しく、格好がよいと感じられるコンセプトやアイデアを示すビジュアルは、出会った瞬間に消費者の興味をかき立てる。

そんなビジュアルを目の前にした消費者は、それをクリックしてリンク先のページも見てみたくなる。このとき、「シンプル」さが大きな役割を果たす。たとえば新製品の姿を伝えるのに、必要以上に複雑な写真は使わず、パッと見ただけで、既存の製品との違いや、手にしたときの生活の変化が瞬間的に理解できるような写真を使うのだ。場合によってはショートビデオを利用し、作り手の思いを消費者に伝えていく。

それに続くのが「ディープ」の部分だ。閲覧者の好奇心が高まったところで、細かい工夫や構造など、より詳しい情報を視覚的に伝えていき、ファンやリピーターを増やすのである。

この「ホット、シンプル、ディープ」という段階的なアプローチは、今日からでも、自社のウェブサイトで利用するビジュアルを見直す上で役立つことだろう。

検索サービスはなぜ飛躍的に伸びたのか

筆者を含め、読者の皆さんも毎日のように利用しているであろうインターネットの検索サービス。ヤフー、グーグル、マイクロソフトによるビングなど、さまざまな企業が提供している非常に有用なサービスだが、無償なのになぜ巨大なビジネスとして成り立っているのか、ご存じだろうか？

理由の一つは、入力された検索キーワードに応じて表示される広告が大きな収入源となっているから、というもの。これは、前述したオプティマルや後述するサイバーエージェントによるフェイスブック広告にも通じる部分だ。

テレビや新聞向けの広告は、番組（記事）の内容や視聴者（読者）層の調査データをもとに、「それを見る（読む）人々ならどんなカテゴリーの商品に興味を持つだろうか」という推測によって、内容が決まる。これに対し、検索サービスの結果ページに表示される広告は、入力された検索ワード、つまりユーザーが今まさに探したい情報にリンクする商品やサービスに関するものが自動的に選択されるため、はるかにピンポイント的な訴求が可能となる。

この広告収入は、検索サービスの収益の大部分を占めている。他に、検索エンジンの技術の他社へのライセンスなども、ビジネスの一部として行われている。

世界中にあまねく存在するユーザーが、知りたい情報について24時間休みなく検索しているため、検索サービスには自然と特定の情報が蓄積される。それは、「今、国や地域ごとに、人々が何に興味を持ち、どんなものを探しているのか」という統計的なデータ情報だ。このデータがあれば、次の機会にどんな広告を出せば消費者のニーズに応えられるのかが、手に取るようにわかる。

こうして検索動向を基に、求められる広告を制作したり、クライアントにアドバイスをしたりする一方、リアルタイムの検索ワードと関連する広告を臨機応変に表示する——。それらによって、検索サービスによる広告事業は飛躍的に業績を伸ばしてきたのである。

写真検索でわかる社会の変化

実はストックフォトサービスにも、それをブランディングに利用しようとする企業にとって、同様のメリットがある。

企業は常に、独自の市場調査などを通じて、消費者の関心の高いテーマを見つけ出し、それに関連するイメージをブランド構築に活かそうとしている。しかし、この種の調査で得られるデータは、質問に対してその場で思いついた答えであることも多く、本当に求めているものとは必ずしも一致していない。

これに対して、ストックフォトサービスの検索ページでは、実際に直接入力された名詞や形容詞から、今、この瞬間に求められている写真の傾向がわかるのだ。

もちろん、そうしたストックフォトの検索は、消費者個人というよりも、広告などに写真を利用しようとする広告代理店やマスメディア、グラフィックデザイナー、あるいは企業の担当者によって行われることが多い。それでも、社会全体としての視点がどこに向いているのかが如実に表れてくる。

一般的には、「ビジネス」「ライフスタイル」「スポーツ」「自然」「アイデア」「旅行」といったキーワードに関連したイメージの需要は常に高い。しかし、その中でも細かい属性に関しては常に変動が生じている。

たとえば、「家庭（ｈｏｍｅ）」というキーワードは、10年前には全世界的にほとんど写真検索の対象になっていなかった。ところが東日本大震災以降、急速に検索頻度が高まり、ランキングのトップを占めるようになった。これはわかりやすい例だが、他にも、普通は目立たないような社会や人々の変化が、こうしたデータの中に垣間見えることがある。それが、ストックフォトにおける検索履歴の最大の特徴なのだ。

もちろん、単に必要が生じたときに一点ずつダウンロードして利用するような使い方では、そういった検索傾向の推移を示すデータにアクセスすることは難しい。しかし、ストックフォトサービスによっては、中期や長期の利用契約を結んだクライアントに対し、レポートを通じてそうした情報を提供するところもある。このような「生きた検索情報」を応用できれば、消費者の琴線に触れるビジュアルをブランディングに応用していくことが可能になる。

今、いったいどんなビジュアルが求められているのかを知りたくても、なかなか大規模な市場調査ができるわけではない。予算面でも人的リソースの面でも、大企業以外は手を出しにくい。しかし、あきらめる必要はない。その情報をストックフォトサービスのプロから得ることで、規模の小さな会社でも、社会の流れを的確に捉え、大手に負けないビジュアル戦略を展開することができるのだから。

こうしてはるかに効率よく、効果的なイメージを選び出せるようになれば、企業は「ブランドの本質に当たる部分を考え、管理する」という、本来の業務に注力することが可能になる。

第4章

視覚イメージを武器に躍進する日本企業

サイバーエージェントの一貫したブランド戦略

この章では、日本での先進的な事例をいくつか紹介していきたい。取り上げるのは、ブランディングにおける視覚情報の重要性を理解し、ストックフォトライブラリを自社で活用したり、クライアントが効果的にビジュアルを利用するための仕組みをストックフォトサービスと連携して整備したりしている企業である。

最初に紹介するのは株式会社サイバーエージェント。同社のビジネスは、国内最大の会員数を誇るコミュニケーションサービス「Ａｍｅｂａ」やスマートフォンサービス・ソーシャルゲームなどを運営するインターネットメディア事業と、インターネット広告事業が主な柱となる。既存のマスメディアとも連携しながら、先取性にあふれたクロスメディア戦略を展開している企業だ。

特にパイオニア的存在のインターネット広告事業では、第3章でも触れたゲッティ イメージズのコネクトＡＰＩを日本で初めてフェイスブックのオンライン広告と結びつけ、柔軟性が高くピンポイント的なクライアントへのサービスを提供している。

取材に応じてくれたのは、同社広告総合事業本部メディア局ソーシャルメディアグループのプランナーとして広告事業に深く関わっている、藤後亮平氏である。

次々と外部からの来訪者を迎える同社の受付には、コーポレートカラーのグリーンでカバリングされた、アメーバを思わせる形のソファが置かれている。藤後氏は、ロビーの端にあるガラス張りの冷蔵庫から、アメーバのロゴがプリントされたウォーターボトルを人数分取り出し、ミーティングルームへと案内する。こうして訪問者は、一歩足を踏み入れたときから、同社の一貫したブランド戦略を感じ取るのだ。

インターネットをビジネスのステージとして、「ユーザー視点でのサービス」をモットーとするサイバーエージェントでは、広告出稿までのスピード感と公開後の効果を最大限に高めることを重視してきた。しかし、従来の枠組みでは、どうしても同社が望む「生きた広告」を作ることができなかったという。

はたして「生きた広告」とは何か？　そして、同社はその課題をどうやって達成したのだろうか？

「生きた広告」をどう生み出したのか

ここで、読者の理解のために、インターネット広告における「効果」の意味について、少し説明しておきたい（資料21）。

インターネット広告の効果は、大きく分けて、広告そのものの露出によって生じる「インプレッション効果」と、実際にクリックなどの反応があったことを意味する「レスポンス効果」から成り立っている。

インプレッション効果は、テレビや新聞、雑誌の広告などと同じく、広告を目にしたことによって得られるものだ。広告で謳われている商品やサービスのみならず、広告主のブランドの認知に直結する要素である。

レスポンス効果は、双方向メディアであるインターネットならではの指標だ。広告バナーなどに対してユーザーがアクションを起こしたことを示し、「トラフィック効果」と呼ばれる場合もある。

レスポンス効果の目安となるクリック率は、インターネット広告に新規性があって広告自体の数が少なかった初期の頃と比べて低下していると言われる。一方で、広告をクリックしなくても30日以内に広告主サイトを訪問するビュースルー率は、リッチメディア、すなわち視覚や音声情報を最大限に活用した広告ほど高まるという調査結果が出ている。
したがって、インターネット広告代理店が広告制作に当たって目標とするのは、まず、見る者に強い印象を残してインプレッション効果を高めること。続いて、実際にクリックやマウス操作を誘発して、商品やサービスに関するより詳しい情報にアクセスしてもらい、レスポンス効果を得ること。そして、すぐにアクションが得られなくても広告情報が見る者の記憶に留まり、後日、広告主のサイトに訪問してもらうビュースルー率を向上させることだと言える。そのすべてが、優れたビジュアル要素と密接に関係している。

こうしたサービスが始まった初期の頃は、一度制作した広告の内容は、そのまま配信期間の最後まで変わらず続くことが当たり前だった。やがて、いつでも内容の変更が可能なインターネットのメリットを活かして、途中でビジュアルを変えて反応を確かめる試みが行われるようになった。惹きの強いイメージがあればそれを使い続けたり、類似したビジュアルに入れ替えて表示したりすることで、広告の効果を大幅に向上できることもわかっている。

このように、「運用しながら進化させられる柔軟性」を持ったインターネットのメリットを最大限に活かし、ユーザーの興味と連動して変化させる広告を、藤後氏は「生きた広告」と呼ぶ。それを効率よく生み出す方法を、氏はずっと模索してきた。

「私たちの経験では、広告主が使いたいと思われるイメージよりも、ストックフォトの中からユーザーが求めているものを選び、こちらから提案した画像の方が、平均して良い広告効果が得ら

れるのです」（藤後氏）

そうした作業を迅速かつ的確に行うために、サイバーエージェントは「クリエイティブオプティマイザー」というシステムを開発した。

画期的な「クリエイティブオプティマイザー」の誕生

サイバーエージェントでは、それまでもストックフォトエージェンシーとしてゲッティ イメージズと契約し、密な信頼関係を築いていた。その理由を藤後氏はこう語る。

「フォトライブラリの規模が世界一であることや、海外における実績、それに検索システムの優秀性を見て、ゲッティさんを選ばせていただきました」

そして、ゲッティ イメージズの優れた検索システムをモジュール化して他のプログラム内に組み込めるコネクトAPIの登場により、サイバーエージェントが制作するインターネット広告の質はさらに向上していく。具体的には、自社のノウハウとの組み合わせによって、効果の高いビジュアルがリアルタイムに切り替わる広告を、クライアントのニーズに合わせてすばやく制作できる「クリエイティブオプティマイザー」が誕生したのだ。

「ちょうど営業担当者が、独自性のあるサービスの必要性を感じており、クリエイティブ部門でもそのようなシステムの開発を検討していたときだったので、ベストなタイミングでした」（藤

後氏）

ゲッティ イメージズのサービスが、スピード感とチャレンジ精神が求められるサイバーエージェントの社風とマッチした要因は、他にもある。それは、コネクトＡＰＩの組み込みが容易だったことだ。基本的な開発期間は２ヵ月ほどで済み、その後、実地の運用を行いながら最適化を進めたという。

「コネクトＡＰＩを利用することで、クリエイティブオプティマイザーは、広告制作の速度、ビジュアルのバリエーション、そしてクオリティの高さにおいて、大きなアドバンテージを得ることができたのです」（藤後氏）

コストの点では、たとえば10点以上のビジュアル要素を含む広告を制作する場合、自前で写真を用意するよりもメリットが大きくなるという。これは、写真を入れ替えながら効果を高めていくインターネット広告の特性とも合致しており、広告主に対して「お得感」のあるサービスが提供できているそうだ。

フェイスブックのカバー画像を選べる仕組み

最後に、フェイスブック広告とクリエイティブオプティマイザーに関する今後の展開について話を聞いた。

フェイスブックでは、個々の会員が自分の過去のコミュニケーションを時間軸に沿って見せていく「タイムライン機能」が提供されており、そのトップに、カバー画像と呼ばれるシンボル的なイメージを設定できる。このカバー画像は、自分の個性の表現（いわばパーソナル・ブランディングの象徴）ともなるため、会員には「他人とは異なるビジュアルを用意したい」というニーズがある。

そこで藤後氏は、このカバー画像を自由に選べる、「カバー広場」とでも呼ぶべきアプリケーションを、コネクトＡＰＩを応用して作れないかと考えている。従来のＢtoＢ（企業同士の取引）的な企業間での利用法ではなく、ＢtoＣ（企業と一般消費者の取引）的な個人に向けたサービスである。

さらに、そのアプリケーション上で広告表示を行えば、従来のビジネスもさらに拡張できる。実にユニークな発想だ。

すでに、ブログやゲームの世界では消費者に対して大きなプレゼンスを持つサイバーエージェント（Ａｍｅｂａ）だが、カバー広場のようなサービスアプリケーションが実現すれば、さらにそのブランドは一般市場に浸透していくに違いない。

また、現状では社内での利用に留めているクリエイティブオプティマイザーの外販も考えたいとのこと。単にコネクトＡＰＩを利用するだけでなく、そこに付加価値を乗せてさらに別のビジネスに結びつけていく同社の姿勢は、他分野の企業にも大いに参考になるだろう。

国際的な存在感を強めるアシックス

次に紹介したいのは、スポーツシューズを中心にアスレチックウェアなども手がけ、２００９年に創業60周年を迎えたスポーツ用品メーカー、株式会社アシックスである。同社は、一般消費者用の製品はもちろん、競技分野にも強みを持ち、アジア人の体形に合った水着の開発にも秀でている。

２０１２年のロンドンオリンピックでは、ＪＯＣ（日本オリンピック委員会）とのオフィシャルパートナーシップ契約に基づき、日本代表選手団にオフィシャルスポーツウェア（ウィンドブレーカーの上下）とバッグ（バックパック、キャスターバッグ）を提供している。名実共に日本を代表する総合スポーツ用品メーカーだ。

同社はもともと、１９４９年に鬼塚株式会社として設立され、58年にオニツカ株式会社に改組された後、77年にスポーツウェア・用具メーカーの株式会社ジィティオ、およびスポーツウェアメーカーのジェレンク株式会社と合併して、株式会社アシックスとなった。

社名は、古代ローマの作家ユベナリスが唱えた「（もし神に祈るならば）健全な身体に健全な精神があれかし（と祈るべきだ）」（Mens Sana In Corpore Sano）という有名な言葉に由来し、そのMens（才知）という単語をAnima（生命）に置き換えて、個々の単語の頭文字（A、S、

I、C、S）を並べたものだ。
年齢が40代半ば以上ならば、「オニツカタイガーのシューズ」と聞いて懐かしく感じる人も多いだろう。そのオニツカタイガーブランドも、現在はそのレトロなイメージがファッショナブルだとして国内外で人気が再燃し、海外では特にフランスで支持されているという。

このような国際的なプレゼンスの高まりを背景に、アシックスは２０１１年の春から、地球規模の視野でブランディングを強化するための組織改革を行い、グローバルセールス・マーケティング統括部という部署が統合的な管理を行うことになった。

今回の取材に応対してくれたのは、統括部の中でも、特にイベントの運営やアスリートのサポートを担当しているマーケティング部スポーツマーケティングチームのマネージャーで、ロンドンオリンピックでも現地に詰めて情報収集や選手団のサポートに尽力した大谷忍氏である。

神戸のポートアイランドにある本社ロビーには、アスリートたちの躍動感あふれる写真パネルが展示され、アシックスのビジネスの軸足が明確に示されていた。

ブランドを守る7つのチーム

同社のグローバルブランディングへの強い意志は、２００８年に、世界統一のブランドスローガンとして「sound mind sound body」を制定したことにも表れている。社名とも深く関連した「健全な精神、健全な身体」を意味するこのスローガンは、まず、世界５極に拡がる販売子会社や代理店のネットワークを、意識の上で統一する役割を果たした。

そして実際の組織改革では、グローバルセールス・マーケティング統括部の下に７つのチームが作られ、それが一丸となって地球規模のブランド構築と維持に努めている。

ブランドマーケティングチームがブランドの全般的な管理を行い、認知度の調査やキャンペーンの企画なども担当するが、他の６つのチームも、それぞれの領域でブランディングに寄与することを常に考えている。たとえば、デジタルマーケティングチームが目下取り組んでいるのは、全世界規模でのｅコマース体制の構築と、「ＭＹ　ＡＳＩＣＳ」という、スマートフォンアプリとウェブが連動したランニング管理サービスだ。リテールマーケティングチームは、各地のアシックス関連ストアに統一的なデザインを与えることを計画している。

アップル社による、アップルストアのオンラインと実店舗の展開を見てもわかるように、自社製品がコモディティ化（日用品化）する中で高いブランドイメージを保つためには、ユーザー体験を直接コントロールできるストアフロント（店頭）の整備が重要な意味を持つ。アシックスもそれを目指していると言える。

また、大谷氏が属するスポーツマーケティングチームでは、競技分野でのイメージリーダーになりうるプロのスポーツ選手（元選手も含む）やチームと契約し、製品が利用される現場からブランドの価値を上げることに努めている。

フランスでの認知率73％

同社は、3社の企業が融合してできた企業である。互いに補完できる製品群を持っていたからこそ、建設的な合併ができたわけだが、事業の成長や市場の拡大に伴ってサブブランドが増えすぎ、ブランドの希釈化、すなわちコアバリューの曖昧化の兆候が見られるようになった。

そこで、2007年からアシックスへのブランド集約を進め、前述のスローガンや組織変更を経て、現在に至っている。すでに海外での売り上げが全体の6割を占めるようになった同社にとって、ここ数年は、ジャパニーズブランドからグローバルブランドに移行する重要な時期であった。

そのステップは、まず現状把握から始まり、各国での認知度調査などを経て、ロゴも文字だけでなく、一目で分かるシンボル（社名の頭文字の「a」をスパイラル風に図案化したもの）と共にバランスを調整した。そして、より視覚に訴えるデザインに改良したり、看板の見せ方も統一するというように、ブランディングガイドラインを作って徹底させていった。

国や地域を問わず、一貫性のある見せ方を心がけた結果、フランスでの73％を筆頭に、欧米における同社ブランドの認知率は着実に上がってきた。特にブランドの浸透を重点的に行いたいイギリスに対しては、世界最大規模のフラッグシップストアをオープンさせるなど、思い切った戦略を進めている。

「本物」の競技写真がブランドを支える

中でも、大谷氏が推進しているスポーツマーケティングは、各国の人気スポーツ選手との契約がブランドイメージに直結する重要な役割を果たしている。当然ながら、その選手たちの写真を効果的に利用することが求められる。

そこでアシックスは、１９８１年という早い時期から、スポーツの報道写真を専門に配信する会社である「オールスポート」と契約を結び、一流のスポーツ写真をブランディングに活用してきた。大谷氏は語る。

「私が入社したときも、コンタクト先はオールスポートさんでした。一社で全地域を網羅されていますし、スポーツ系のビジュアルでは世界一と言えます」

その後、オールスポートはゲッティ イメージズに吸収され、そのライブラリも引き継がれた。そのため、１９９０年代にアシックスの契約先もゲッティ イメージズに変更され、同社と「エディトリアル・サブスクリプション契約」を結んでいる。これは、雑誌、書籍、ウェブなどの記事で使える報道用のビジュアルを、一日ごとの規定数の範囲内であれば、何枚でも自由にダウンロードして利用できるという契約だ。

今の同社は、グローバル規模で、ほぼゲッティ イメージズの写真のみを使っているということだが、その理由を大谷氏はこう説明した。

「一言で言えば、本物の競技シーンのビジュアルが揃っているからですね。我々は『トゥルー・スポーツ・パフォーマンス・ブランド』(本当の競技でパフォーマンスを発揮できるスポーツブランド)を目指していますが、まさにそれに合致する写真が得られることが最大のメリットです」

シェル石油が写真に求める要素とも共通しているが、大谷氏の発言から、「ブランディングに使われる写真にはリアリティが必須である」ということがわかる。実際の選手を被写体に使っても、スタジオ撮影での動きでは、やはり作り物になってしまう。これに対し、ゲッティ イメージズは、世界中のナショナルスポーツイベントはもちろん、ニューヨークシティマラソンのような地域レベルのランニングイベントまで網羅している。そこで撮影された写真には、選手たちが最も輝く、最も生き生きとした姿が写っているのだ。

コスト面を見ると、大きなイベントなどのビジュアルに関しては、それなりの予算を割く必要はある。ただし、先のエディトリアル・サブスクリプション契約でカバーできる部分も多いため、対ブランディング効果という観点では全体として十分ペイできている――とアシックスは判断している。

ソルトレイクシティ冬季五輪の滑降では数々の迫力あるシーンが撮影された

「普通は撮れない」決定的な写真

大谷氏は、2002年のソルトレイクシティ冬季オリンピックの際に、ゲッティ イメージズの写真を利用して、自社のウェブサイトや電子掲示板で精力的な現地リポートを行ったこともある。

アシックスはソルトレイクシティ冬季オリンピックで、日本、オーストリア、イタリア、オランダのチームと契約していた。この中で、特にオーストリアチームが好調でメダルラッシュとなったため、迫力ある写真を交えたレポートは大いに好評を博した。そのときの滑降シーンを撮った写真を見ると、選手が粉雪を舞い上げて起伏を越え、わずかにジャンプしながら下り斜面に入っていく一瞬を捉えたもので、この種のカットを見慣れたはずの大谷氏も「普通、こんな写真は撮れない」と感嘆する決定的瞬間が写っていた。

また、長野冬季オリンピックのときは、まだアナログフィルムの時代でオールスポートとの契約だったが、現地に設けた事務所の壁や机には、現像されたばかりのポジフィルムが所狭しと並べられ、それをライトテーブル上でルーペで見ながら選択していく作業は圧巻だったと大谷氏は振り返る。今では、コンピュータの画面上で瞬時に写真を検索できるわけだが、壁面を埋め尽くすフィルムや、スタッフと一体化してセレクションを行う作業には、当時、また別のリアリティがあったという。

そうした経験の積み重ねから、現在では、試合の前に契約選手のリストをゲッティ イメージズに渡し、その選手たちを重点的に撮影してもらうように依頼したり、以前は地域ごとに異なっていたパンフレットや資料の表紙の写真も全世界で統一するといったことを行っている。こうして、ブランディングにおけるビジュアル要素の戦略的な活用を、グローバルなレベルでさらに進めているのだ。

ちなみに、大谷氏の話で印象に残っているのは、国内のニュースであれほど大きく取り上げられている日本選手団も、現地のメディアにとっては、全体の報道のごく一部に過ぎないということ。実際、オリンピックの開催地にいながら、日本人選手の活躍の様子は、日本のオンラインニュースにアクセスして知ることも多かったそうだ。

大谷氏は、「そのような現実を目の当たりにして、グローバルブランディングの重要性を改めて認識しました」と語ってくれた。

他の企業もアシックスにならって、世界で自社の存在感がどれくらいあるのか、その存在感を今以上に高めるにはどうすればよいのかを、常に意識してみるとよいだろう。現在の自社のビジネスの足元を見つめ直す絶好の機会になるはずだ。

トヨタが駆使する「言葉を超えるビジュアル」

トヨタ自動車株式会社と言えば、単一メーカーとして日本最大の企業であり、世界新車販売台数ランキングでは、２０１０年に1位、11年に3位と、常にトップレベルの実績を誇ってきた一大ブランドだ。第1章で紹介した12年の「世界ブランドランキング」でも4位となり、日本企業ではトップの座に輝いている。

こうしたポジションを築き上げてきた会社だけに、トヨタの社内には、グローバルマーケティングを手がける部署も当然のように設けられていた。しかし、さらに自由な発想でチャレンジ精神に富むブランディングを展開するために、同部署はあえて独立することになった。株式会社トヨタモーターセールス＆マーケティング（ＴＭＳＭ）として法人化されたのだ。

そのブランディング戦略について語ってくれたのは、同社グローバルマーケティング局デジタルマーケティング室デジタルクリエイティブグループ長の南井孝夫氏と、同グループ主任の稲川博氏である。

トヨタ自動車の組織は、世界の各リージョンごとに独立採算制を採っており、北米ならばロサンゼルス、ヨーロッパならばベルギーに、その地域を統括する会社を置いている。

TMSMの大きな役割は、グローバルなマーケティング活動を通じてトヨタのブランドバリューを最大化し、新型車に関する潤沢な商品情報を提供して、各地域の販促活動を強力に支援することである。新会社となった専門性と機動性を生かし、各種施策と共に、特に「言葉を超えるビジュアル」によって、ブランディングを統括する立場にある。

こういうTMSMの概要を説明し、いよいよ主題であるビジュアルの活用とブランディングの関係についての話に移る際に、稲川氏は次のように切り出した。

「実は、ビジュアルブランディングに関しては私たちも考えるところがあって、ここ数年、いろいろと試してきました。ビジュアルが持つインパクトの大きさというのは、やはり非常に重要なものですから。今、私たちの所属部署には『デジタルマーケティング』という言葉が使われていますが、最近の流れでは『コンテンツマーケティング』というコンセプトと重なる面もたくさんあることがわかってきたのです」

「シンク・グローバル、アクト・ローカル」の精神で

コンテンツマーケティングとは「見込み客に対し、さまざまな媒体を通じて適切なコンテンツを発信し続けることによって信頼を勝ち取り、その信頼をもとに商品の購入につなげる」というマーケティング手法である。

ただしＴＭＳＭは、「全世界で画一的なコンテンツマーケティングを行っても、トヨタが目指すグローバルブランディングは実現しえない」と考えている。

たとえばデジタルマーケティング室では、車種ごとに「キービジュアル」というものを作成している。そのクルマの鍵となる提供価値を、一つのイメージとして表現した、内部資料的なビジュアルである。このビジュアルを世界の各リージョンに送り、それに統括会社が地域の文化的背景などを考慮してアレンジを加え、マーケティングに活用するのだ。

「私たちとしては、統一すべき要素と地域に合わせる要素の両方が必要だと考えています。ある程度は各地域に任せることによって、現地の会社やスタッフの頑張りも期待できますし、また、そのようなきめ細かい対応ができる点が、日本企業の強みではないかと思うのです」（南井氏）

この言葉を聞いて思い浮かんだのは、「シンク・グローバル、アクト・ローカル」というフレーズだ（「シンク・グローバリー、アクト・ローカリー」という言い方もある）。この表現はもと

もと、都市計画や環境問題において、「常に地球規模で物事を考えながら、地域で責任ある活動を行う」ことを意味している。言い換えれば、「最終的に貢献すべき目標は一つだが、地域ごとに身近な課題への取り組みは異なっていても構わず、結果として最終目標につながっていけばいい」といった意味に解釈できる。

トヨタのビジュアルブランディングにも「シンク・グローバル、アクト・ローカル」の精神が感じられる。先に述べた同社のキービジュアルも、ある程度の柔軟性を持って運用できるガイドラインとして、各リージョンに提供される。それは同社が、「顧客に事実を伝えるだけでは不十分である」と考え、各リージョンで現地の人々の心に入り込める情報に昇華させる部分を重要視しているためなのだ。

ビジュアルの融合で壁を越えた

一方で、トヨタには大企業ならではの悩みもある。

トヨタが発信するコンテンツに対し、周囲の期待は大きい。一定のレベルをクリアするのは当然とされ、その上で、どこまでプラスアルファ的にエモーショナルな価値観を盛り込めるのかに注目が集まる。この点が、トヨタの前に立ちはだかる大きな壁だ。

同社が誇るハイブリッドカー、プリウスの先進的なバリエーションであるプリウスPHVの発表に当たっても、そのハードルは高いものだった。

ＰＨＶとは「プラグイン・ハイブリッド・ビークル」の略であり、自宅でバッテリーに充電することが可能なハイブリッドカーを意味する。いわば、ＨＶ（ハイブリッド・ビークル）とＥＶ（エレクトリック・ビークル）の長所を組み合わせた自動車だ。

では、この新種のクルマのキービジュアルをどう決めればいいだろうか？　デジタルクリエイティブグループでは、それを「価値観の多様性」という視点で捉えようとした。

もともと「ハイブリッド」という言葉には、「異なる二つのものを融合して新しい何かを生み出す」という意味合いがある。トヨタは「ハイブリッド・シナジー・ドライブ」というキーフレーズの下、エンジンとモーターの両方を持つプリウスなどのＨＶを作り上げてきた。ＰＨＶでは、さらにクルマのエネルギー補充の部分で、給油と充電の二面性が加わる形になる。

そこで、広告のキーとなるビジュアルでは次のような構成を取ることにした。まず画面を左右に分け、「文化」「新旧」「和洋」といった切り口による対比を次々に見せることで、世の中の多様性を提示する。そして、そこにまた新たな要素（プリウスＰＨＶ）が加わった――というストーリー性が浮かび上がる流れである。

このビジュアルは、２０１１年の東京モーターショーで公開されると共に、インターネット上におけるプロモーションにも利用されることになっていた。そこでＴＭＳＭはクリエイティブのパートナーとして、カンヌ国際広告祭フィルム部門金賞をはじめ数々の賞に輝く映像制作集団の

ＫＯＯ―ＫＩ（空気株式会社）を指名した。
ＫＯＯ―ＫＩはこれまで、ナイキのバイラルムービーや福岡ソフトバンクホークスのＣＭ、『ゲゲゲの鬼太郎』など劇場公開映画のＶＦＸ（ビジュアルエフェクツ）とＣＧ（コンピュータグラフィックス）を手がけて話題を集めてきた。モノだけでなく、それを取り巻く雰囲気までも伝えるＫＯＯ―ＫＩの作品に、ＴＭＳＭ側はひらめくものがあったという。

さらに、意図に沿った映像素材を揃える上でＴＭＳＭが活用したのが、ゲッティ イメージズのビジュアルライブラリだった。

「ボーダーレスのこの時代、情報はワンクリックで、一瞬にして地球の裏側まで流れます。ですからビジュアル素材も、クオリティや著作権の点で絶対に安心できるものでなければなりません。その点でゲッティさんは信頼できる存在でした」（稲川氏）

実際の映像制作では、まずＴＭＳＭとＫＯＯ―ＫＩの両社で、前述の対比的な切り口の軸となるアイデアを出しながら、絵コンテを起こし、それに当てはまる写真や動画を、ゲッティ イメージズの検索システムで探していった。こうした制作スタイルが採れるのも、ゲッティ イメージズのビジュアルライブラリの写真や動画の点数が膨大であると共に、検索用のタグ付けがしっかり行われているからだ。

実際に使われたキーワードは「シナジー」「シンクロナイズ」「コネクト」「スマイル」などで、検索によって大量のビジュアルから選んでいった結果、最終的に2点のストックフォトと18

点のストックフッテージ（動画）が選ばれた。これは素材の７割に相当し、残りの３割がＫＯＯ－ＫＩによってこのプロモーションのために撮影された映像で構成されている。

完成した映像は、トヨタの東京モーターショー２０１１の特別ページ（http://tinyurl.com/9ef5rmt の左から三つ目のサムネールをクリック）、またはユーチューブ（http://tinyurl.com/c4bfxno）でも公開されている。読者の皆さんの手近に再生できる環境があれば、見ながら本書を読み進めていただければ幸いである。

一枚一枚の写真にこだわり続けるトヨタの強さ

日本からビジュアルを世界に向けて発信する場合、西洋における日本のイメージに沿ったステレオタイプ的なわかりやすいものを打ち出すか、あるいは実際の姿を見せるべきかは難しいところだ。もちろん、プロジェクト自体の意図によっても変わってくるが、自動車というグローバル商品を扱うトヨタのケースでは、どのように考えられているのだろうか？

「グローバルで日本らしさを見せていくときに、ただの直球勝負では、きちんとしたメッセージにはならないと感じています。和のイメージを因数分解して、伝えるべき内容に適した要素を抽出することが重要です。ゲッティさんのライブラリには、その点でもこちらの見方に適合するビジュアルがきちんと揃っていて、意図した通りの映像を作ることができました」（南井氏）

今回のプリウスPHVの映像では、ビデオ素材を中心的に利用している。ただしTMSMは、「インターネットだから動画を多用すべき」といった固定的な考え方にとらわれず、あくまでもメッセージが最も的確に伝えられる方法を、その都度、発想しているという。

雑誌広告などでは、逆に、「たった一枚の写真にどれほど多くのストーリー性を盛り込めるか」「静止画であってもクルマ本来の動きが表現できているか」といった点に留意しているという。消費者とメディアが接触する場所に応じて、人の心を動かす価値《バリュー》を高める上で最善のビジュアルコンテンツを追求する、というのがTMSMの狙いだ。

当然ながら、TMSMが年間に制作する映像や静止画のビジュアルは相当な数にのぼる。したがってクオリティが高く、まとめて契約した場合にコスト面でも有利なゲッティ イメージズのサービスは、対投資効果という点で確実に成果を上げている。中には、どうしても新たに撮りおろす必要のあるカットも出てくるものの、それを含めても効率的に作業を進められるので、ストックフォトやストックフッテージを使う価値は大いにある、という見方をしている。

境界を越えるコミュニケーション

ところが、そうなると、たとえばライバル企業が同じストックフォトサービスを利用した場合の差別化について、心配する人もいるかもしれない。ストックフォトサービスでは、このようなケースに備えて、ある会社が利用したビジュアルを、一定期間のみ他社が利用できないようにする独占的な運用体制も整えられている。ただしＴＭＳＭの姿勢は、よりクリエイティブの本質を突いたものだった。

すなわち、「情報を発信する側が、伝えたいことをどれだけ深く考え、勝負のポイントをどれだけ明確にできるかによって、同じビジュアルでもまったく異なる意味を持たせることができる」というスタンスを貫いたのだ。それは、先のプリウスＰＨＶのプロモーション映像で、二つのイメージを対比させ、個々の静止画や動画だけでは得られない意味合いを生み出していることにも表れていた。

こうした観点から、ＴＭＳＭの南井氏と稲川氏は、自社の意図と期待に応えられるライブラリが整備されているのはゲッティ イメージズだと確信している。今や両社の関係が、「クライアントとサービス業者」という立場から「パートナー同士」へと転じつつあることを感じているという。その上で南井氏は、

「製品を作って販売するだけで企業の使命が完了するのではなく、顧客との間にどのような意識共有の場を構築できるかが、今後はますます重要になります」

と付け加えた。その構築のために、普段から社内の意思統一にも優れたビジュアルを利用することが欠かせなくなる。ＴＭＳＭは、そうしたビジュアルを見せる技術のレベルアップのために、スタッフを啓蒙することも視野に入れている。さらに、「このようにビジュアルを媒介にし

て培われたコミュニケーションは、ローカルかグローバルかという境界自体を越えるものになる」という仮説を立て、今後の活動を通じてその検証を行っていく心づもりもある。

「最後は、人の心にどのようにして火をつけるのか、というところしかないと思っています。そして、それができるのがビジュアルコンテンツの強みなのです」（南井氏）

巨大企業トヨタのブランディングを進化させるために、あえて分社化の道を選んだＴＭＳＭは、新たなブランド構築に関する明確なビジョンを掲げ、それを支える確かな方法論とパートナーを有している。

第5章

一枚の写真が会社の運命を決める時代

豊かなバラエティと高いクオリティを持つライブラリ

この最後の章は、これまで何度も触れてきたゲッティ イメージズに取材した内容を中心に、説明を進めていく。

すでに見てきたように、ゲッティ イメージズはクライアント企業からの信頼が最も厚いデジタルメディアカンパニーであり、デジタルイメージのデリバリーツールの最先端とも言うべき「コネクトＡＰＩ」の開発元でもある。企業がブランディングにビジュアルを利用する場合には何を心得ておくべきか、といったことが本章の中心になる。

たとえてみれば、ゲッティ イメージズは「デジタルメディア産業におけるアップル社」とも言える存在だ。業界最大の規模とライブラリの品質の高さはもちろんだが、斬新でわかりやすい価格体系を導入し、コネクトＡＰＩに代表されるデジタル技術の応用にも熱心に取り組むなど、柔軟な発想を持つ企業である。コネクトＡＰＩのような仕組みは以前から存在していたが、それを介して膨大なコンテンツに効率よくアクセスし、革新的な利用方法を確立した点に大きな意味があった。

創業者の一人、マーク・ゲッティは、石油王ジャン・ポール・ゲッティの孫に当たり、共同設立者で現ＣＥＯのジョナサン・クラインとロンドンの銀行で出会って意気投合。１９９５年の起業当初は、アナログ写真ベースのビジネスだったが、時代の変化にいち早く気づき、デジタル写真とネット配信のシステムに移行した。

同時に、古今東西の銀塩写真やフィルムのコレクションも充実させてきた。ロンドンに「ハルトン・アーカイブ」と呼ばれる写真の保管施設を創設して、作品の保存、維持を行い、同市の中心部にある自社ギャラリーでの展示や外部での写真展などを通じて、写真文化を守り育てる活動にも情熱を注いでいる。

このアーカイブを含めてゲッティ イメージズのライブラリは、写真が８０００万点以上、動画が5万時間以上、楽曲が10万曲以上と膨大な規模だが、このような広いバラエティと高いクオリティは、ユーザーの利便性を高めるための必須条件と言える。なぜなら、写真などのイメージ自体は不変でも、それが持つ情報としての鮮度には旬があり、またＴＰＯ（いつ、どこで、何のために使うか）によって価値が変わってくるからだ。

たとえば、ＳＮＳの大手「フェイスブック」の誕生秘話を描いた映画『ソーシャル・ネットワーク』で使われた日本の老夫婦の写真があった。一見、何の変哲もない写真だが、話題の映画の中で使われたという理由から注目が集まり、実際、そのイメージが「長年連れ添った夫婦間の心のつながり」を感じさせるものだったために、その後の需要が急激に高まったことがある。

ただし、こうしたニーズの変化を事前に正確に予測することは不可能であり、すべてはユーザーが社会や市場の動きをどう読み、イメージをどう活用するかに左右される。同時にユーザーは、自らの創造性を発揮できるようにビジュアルを選定しなければならない。それがうまく行くかどうかは、ひとえに、無限に近いバラエティの豊かさと、どのビジュアルが選択されても使用に堪えるクオリティの高さの両方を、ライブラリ側が提供できるか否かにかかっている。

「世界が求める写真」でポテンシャルを活かそう

逆にはっきりしているのは、「求められていない写真」である。特に海外で好まれないのは、クリエイティブでもエディトリアルでも共通していて、それは、いかにも記念撮影のような、あるいは記録写真然としたイメージだ。

極端な例だが、あなたは、元気のない社長のポートレートや、雑然とした様子の工場の写真がウェブサイトに掲載された企業に仕事を依頼したり、そこから製品を買ったりする気が起こるだろうか？　海外から見れば、無個性なビジュアルも、そういうネガティブな印象を与える写真と大して変わりがない。経営者の人となりや企業の個性が伝わってこない限り、誰にも興味を持ってもらえず、ビジネスにつながらないのである。

東日本大震災で被災した東北地方の酒蔵が、ブラジルで開かれた「リオ＋20」（国連の「持続可能な開発会議」）のジャパンデーに出品し、好評価を得たというニュースがあった。このように、大企業だけでなく、日本の中小企業も、海外で大きなビジネスになりうる製品やサービスを多く持っている。それらの企業が、実際にグローバルなビジネスの拡大を図ろうとしたとき、必要になるのは、やはり「世界中で理解してもらえる写真」だ。

すでに本書内でも数社を紹介してきたが、実際にいち早く日本でゲッティ イメージズのサービスを利用するようになった企業にはどのような共通点があるのか。同社日本法人であるゲッティ イメージズ ジャパンの島本久美子社長が説明してくれた。

「弊社と直接お取引のある企業は、現在のビジネスがローカルなものであっても、グローバルな経営的視野を持っておられるところが多いですね。そして、新しいことに貪欲に取り組み、合理的な考え方をしているという共通点が見られます」

島本氏は、かつて世界的な自動車レースであるＦ１のゲーム作りに、ライセンス業務を通じて関わった経験を持つ。そのとき、特にフェラーリとの仕事を通じて、ブランディングにおけるイメージの管理の重要性を強く認識した。さらに、シャネルやカルティエ（リシュモングループ）から、パブリシティの積極的な利用をビジネスに活かすノウハウを身につけたという。そういった観点から日本の企業を見た際に、

「グローバルで活躍できるポテンシャルを持ちながら、世界基準のビジュアルの利用方法に通じ

ていないばかりにブランディングでつまずくケースが多く、そのことが個人的にとても残念に感じられます」
と島本氏は語る。

海外で日本のニュースが話題にならない理由

最近では企業広告も、かつてのように製品自体をメインに見せて訴求していくのではなく、「その製品がターゲットユーザーの生活をどのように変えていくのか」という視点、つまりライフスタイルを提示する内容が重要視されている。したがって、消費者がある企業の広告に対して抱く信頼性を高めるには、そのライフスタイルに関するメッセージが一貫していることが大切だ。

ここで一つ、問題が生じる。製品のみを登場させる広告が一貫性を出しやすいのに対して、ライフスタイルを打ち出していくと、一定のイメージを保つことが難しくなる場合がある、ということだ。その理由は、伝えるのが「モノ」ではなく「概念」だから。そのときに大きな意味を持つのが、明確な意図の下で選択されたビジュアルなのである。

さらに、そのビジュアルが消費者の目に触れるチャンネルや機会の多さも重要になるのだが、日本企業はこれらの点で圧倒的に出遅れていると言わざるをえない。

「クリエイティブ分野だけでなく、エディトリアルのビジュアルに関しても、企業はさまざまなアプローチを採ることが可能です。しかし、重要な広報戦略を、海外メディア市場について一概に精通しているとは言えない代理店に任せてしまうと、そういう部分が見えてこないという弊害が出てきます。パブリシティというのは、まずビジュアルありきの世界ですから、せっかく他国で話題になりそうな日本のイベントや製品があっても、写真がないと記事として取り上げてもらえないか、扱いがとても小さくなってしまうわけです」（島本氏）

つまり、海外で日本のニュースや企業が話題になりにくい要因の一つは、日本から海外の報道機関向けに発信される「ビジュアル込みの情報」が圧倒的に不足していることだというのだ。しかし、すぐにそのような発信ルートを個々の企業で確保するのは容易ではない。この点に関して、島本氏は次のように提案する。

「まず企業が、ブランディング活動を自らの手に取り戻すことが必要です。そのために、弊社にもお手伝いできることがいくつかあります。たとえば、スポンサーシップ契約を結んだ企業に対し、世界の報道機関向けに配信されるイベントの写真の中で、その企業のロゴの露出を促進する、といったサービスも行っています。

ロゴだけでは報道写真にはなりませんが、ニュースとしての価値を押さえた上で、同時に企業ロゴもきちんと写っている写真を撮るノウハウを持っていますから、そういうことが可能になるのです。このサービスを利用されている企業には、ＢＭＷさんなどがあります」

さらに島本氏は、企業のコンプライアンスが注目される中で、安易なビジュアルの利用に対して警鐘も鳴らす。

「自社の広告やウェブサイトの制作に、広告代理店やウェブページのデザイン会社を起用している場合、一度、広告やサイトに権利関係が曖昧なビジュアルが使われていないかどうか、確認されることをお勧めします。たとえば、国際的な広告代理店でも、大手企業さん向けには必ず弊社提供のビジュアルを使うというところが多いのですが、これも、コンプライアンスの面で安心して利用していただけるからです」

ビジュアルを活用したブランディングには、こうしたプロの知識を活かしながら、どのような手法であれば自社のビジネスとの整合性が高いのかを見極めていく必要がある。それをＴＰＯに即した形で、積極的かつ意識的に行って初めて、独自性と主体性を持つブランドが確立できるのだ。

写真の権利関係は必ずクリアに

ストックフォトは、ビジュアルブランディングを考える企業にとって、有効かつ便利に活用できるサービスだ。しかし、ビジネス上のコンプライアンスや社会的な信用を重視したときに、注意しなくてはならない要素がある。それは権利関係のクリアだ。

写真関連の権利と用語について、簡単に説明してみよう。

まず、著作権。これは特許権や商標権と並ぶ知的財産権の一つで、自らの創作物を使って思想や感情を表現した者に与えられる権利である。ストックフォトサービスが扱う品目には、写真や動画、楽曲のデータはもちろん、イラストやＣＧも含まれているが、これらの創作物にはすべて著作権が存在する。著作者は、それぞれの撮影者やイラストレーター、ＣＧアーティストらになる。

著作者の権利は、大きく二種類が規定されていて、そのうちの一つが、この「著作権（知的財産権）」であり、もう一つは「著作者人格権」と呼ばれている。

後者の「著作者人格権」とは、その著作物を第三者が利用して著作者の人格を傷つけることのないように設定されている、譲渡不可能な権利だ。これは、著作物を常識的な範囲内で利用する限り、問題にはなりにくい。

「著作権」については、著作者が著作物に関して付与されるさまざまな権利が包括的に含まれ、著作者の死後50年にわたって保護される。こちらは譲渡可能だが、著作物を著作権者に無断で複製して使用や販売をした場合、著作権法違反となる。

さらに、写真と動画の撮影や利用に当たっては、人物の肖像権やパブリシティ権（顧客吸引力などの経済的な価値に関する権利）、建物や物品の場合には意匠権なども関係してくる。特に被写体となった人物、建物、物品が、その写真や動画のメインモチーフである場合には、個人で使用する場合を除き、必ず権利者から撮影と利用に関する許諾を得る必要がある。

撮影の対象が人物である場合、その許諾は「モデルリリース」と呼ばれ、建物や物品である場合には、同じく「プロパティーリリース」と呼ばれる。企業がブランディングに利用するビジュアルも、著作権がクリアされていなければならないことはもちろんだが、「モデルリリース」や「プロパティーリリース」が付随していることも最低条件となる。

エッフェル塔の写真は使ってもよい？

実際に、商業利用におけるこれらの権利は非常に重要なものであり、権利関係が曖昧なビジュアルを使うと、どんな企業でも足をすくわれて思わぬトラブルに巻き込まれかねない。そして、ビジュアルの権利関係はとても複雑な場合がある。

ここで一つ、考えていただきたい。パリのエッフェル塔を自分で撮影して、そのイメージを自社のウェブサイトで使う場合に、写真としてのクオリティは別として、「プロパティーリリース」が必要だと思いますか？

ちょっと考えてみると、確かに特徴的なデザインを持つ建築物であり、意匠権を主張される可能性がありそうに思える。その一方で、創作物としては著作権が切れているはずなので、「プロパティーリリース」は不要とも感じられる。

実は、答えは「昼と夜とで異なる」だ。昼間のエッフェル塔は、自由に撮影して出版などを行っても差し支えないが、夜のエッフェル塔で許諾なしに同じことをすると違法になる、というのが正解なのである（資料22）。

エッフェル塔は、かなり以前にパブリックドメイン（知的財産権が消滅した公有物）となっていたが、２００３年に夜のライトアップが施された際、これを含めた塔の全形に対し、パリ市が著作権を主張して認められた。そのため、夜の撮影に関しては「プロパティーリリース」が必要となった。

同じように、日本では六本木ヒルズなどが建物の意匠権を主張しており、裁判になって争われたこともある（ヒルズ側の主張が認められた）。あるいは、ディズニーランド関係の建物やお台場のフジテレビ本社に意匠権が確立しているのは、よく知られた事実である。

実際に、広告代理店が、建物が映り込んだ自前の写真で広告を制作する場合には、カンプ（制作物の仕上がり見本）を持ってすべての所有者を訪れ、具体的な使用方法を提示した上で許可を取る、といったことまで行われる。そこまでしなくては、本当に安心して写真を使うことができないためだ。

こうした事実を知ると、「そんなに複雑な権利関係があるのでは、ビジュアルブランディングなど手に負えない」と考える企業が出てきても不思議ではない。しかし、だからこそストックフォトサービスに大きな利用価値があるのだ。

というのは、ストックフォトサービスでは、著作権の買い取りや委託によって、商業利用する際の権利関係をあらかじめクリアし、さらにモデルリリースやプロパティーリリースの有無を明確に示している。

大手のサービスの方が、ビジュアルの質や量の点で目的に合うデータを見つけやすいという点は明白だが、それ以上に、大切な権利関係においても適用範囲が明示され、安心して利用できるというメリットがあるわけだ。ここは、見過ごされがちだが非常に重要な点と言える。

煩雑な業務はその道のプロに任せ、企業側は、本来のクリエイティブなビジュアルの使い方を考えることに集中すればよい。それが、ビジュアルブランディングをスムーズに成功させる秘訣なのである。

一枚の写真で巨額の利益を得た写真家

ここで、第1章で述べたことを少し思い出していただきたい。紡績技術が進化していくときに、飛び杼の発明者だったジョン・ケイは手織り職人たちによって故郷の村から追い出され、力織機を開発したカートライトも織布工たちに工場を壊されて廃業した——というエピソードを紹介した。

こうした反応は、世の中を変えるポテンシャルを秘めた新しい技術が登場すると、必ず既存勢力の側から起こるものである。ストックフォトの世界でも、似たようなことは起こりうる。なぜなら、これまで企業や広告代理店をクライアントとして抱えていた写真家の立場から見ると、ストックフォトサービスが、自分の仕事を奪う「敵」と感じられるためだ。

しかし、それは違う。手織り職人や織布工は現実に機械に職を奪われたが、写真家は、ストックフォトサービスが登場したからといって、その仕事が機械に取って代わられるわけではない。むしろ、技術とアイデアがあれば、従来と同じ撮り下ろしの仕事に加え、ストックフォトに作品を供給する立場にもなれるのである。

巨額の利益を生んだガンディー・ヴァサン撮影の金魚の写真

現に、ガンディー・ヴァサンという写真家は、たった一枚の写真がストックフォトサービスを通じて繰り返し利用されたために、家が一軒建つほどの利益を得ることができたという（資料23）。その写真は、群れのいる鉢から、その隣にある、より大きな空の鉢へと飛び移ろうとする一匹の金魚を撮影したもので、「動き、強さ、自由、決意、水中、動物、ジャンプ、引っ越し、逃げる」などのキーワードが付けられていた。

一般に日本の写真家が、海外に自分の作品を売り込もうとした場合、言葉の問題や国内外の商習慣の違いなどが壁となって、なかなか容易には進まない面がある。しかし、作品の意図や質がしっかりしていれば、審査を受けてストックフォトサービスに登録することで、国の違いを超えて作品を広く利用してもらう道が開けるのだ。

オリンピックで100万枚以上の写真を撮影

世界の報道機関や広告代理店とのつながりも深い大手の写真通信社は、今や写真の貸し出しサービスという枠をはるかに超えて、地球規模のビジュアル流通のチャンネルとして機能している。

たとえば、ロンドンオリンピックの時期に、日本の報道機関はこぞって写真撮影のスタッフを現地に送り込み、取材に当たった。こうした姿勢は、記事の独自性という意味では評価すべきだが、対投資効果という点で満足できるものだったかと言えば、疑問が生じる。なぜなら、新聞や雑誌に掲載されたイメージのうち、本当に印象的でドラマティックなカットは、写真通信社が配信したものが多かったからだ。

ロンドン五輪レスリングで金メダルに輝いた吉田沙保里の最高の表情を捉えた一枚

実際、ＩＯＣ（国際オリンピック委員会）のオフィシャルフォトエージェンシーでもあるゲッティ イメージズは、ロンドンオリンピックに１００名以上の一流フォトグラファーを派遣して、１００万枚以上の写真を撮影した（その一つが上の写真である）。天井や水中からの撮影のために、カメラメーカーと共同開発したロボットカメラも10台が使用された。その場合も、ロボットカメラの設置場所やアングルは、スポーツ専門のフォトグラファーたちを交えて開会２ヵ月前から行われた議論を経て決定され、機械任せではない迫力ある写真を撮ることに成功している。

さらに、撮影後のデータの配信も、ゲッティ イメージズのウェブサイトはもちろん、フィード（契約者への直接送信）や、ＡＰなどの通信社を介するといった手段によって、最短１

80秒で世界中に届けられる態勢が整っていた。

これだけの質と量と速さを一社でまかなえる新聞社や雑誌社は、他に存在しない。それが写真の差になって現れるのも当然なのである。

単に写真を集めて貸し出すのではなく、積極的に社会の動きに関わりながら、イメージの向こう側にあるドラマやメッセージを伝えようとするゲッティ イメージズ。同社はいったいどのような組織なのか？ ここで、本社のマネジメントチームへのインタビューから得られた情報をもとに、そのビジネスに対する姿勢を明らかにしておきたい。

亡くなった写真家が撮った「最後の一枚」

いろいろな質問に真摯に答えてくれたのは、ゲッティ イメージズCEOのジョナサン・クライン氏、クリエイティブ・コンテンツ担当上級副社長のアンドリュー・サンダース氏、グローバル・エディトリアル担当上級副社長のエイドリアン・ミュレル氏である。

CEOのクライン氏によると、ゲッティ イメージズ自体も一企業としてブランドを確立しているが、その根底にあるのはレピュテーション（評価）、つまり「外部から見た企業としての評価」に尽きるという。2000人のスタッフを抱える同社は、常に外部との接触があり、その接点の一つ一つが企業価値を試される場になる、という見方である。

したがって、すべてのスタッフが、会社の方針や方向性に精通している必要がある。そのためクライン氏は、四半期ごとに社内向けの放送を通じてそれらの情報を伝え、隅々までビジョンの共有が図れるようにしている。特に、

「大量の広告やメッセージを外部に向けて発信するよりも、社内外を問わず、私たちの企業価値とリーダーシップの原則を、言動に確実に反映させていくことにフォーカスしています」

というコメントが印象的だった。

また同社は、今でこそ写真、映像、音楽データを扱い、クリエイティブとエディトリアルの両分野で業界トップクラスのデジタルメディアカンパニーになっているが、２０００年までは、エディトリアル分野での存在感はさほど大きなものではなかった。転機となったのは、９・11の同時多発テロ事件（２００１年）だったという。

当時はまだ、ゲッティ イメージズのプラットフォーム内に、報道機関向けのチャンネルが確立していなかった。たまたま、ニューヨークの世界貿易センタービルの近くにいた契約フォトグラファーが二回目の旅客機突入の様子を撮影し、その写真をゲッティ イメージズがスポーツ系写真のネットワークで配信したところ、翌日、ほとんどの新聞の一面に採用された。事件自体は悲劇的なものであったが、これが契機となって同社は報道の分野でも評価を得て、ニュース写真配信においても世界トップクラスのポジションを獲得するに至った。

さらにクライン氏は、個人的に特別な想いを抱く写真として、リビアの内乱でフォトグラファ

ーのクリス・ホンドロスが最後に撮影した一枚を挙げた。ホンドロスは、報道部門設立時に採用された4人のニュースフォトグラファーの一人だったが、その写真を撮った直後に命を落としている。同社のビジネスは、決してデータを右から左へと流すことだけで成り立っているのではなく、人間的な感情も巻き込みながら前進してきたと言える。

そんなゲッティ イメージズにも、ビジネス上の危機はあった。2005年に「アイストックフォト」というサービスが生み出した「マイクロストック」と呼ばれるビジネスモデルによって、価格モデルが崩壊しかかったのだ。

アイストックフォトはもともと、フォトグラファーやデザイナーのための無料の写真共有サイトだったが、データを保管する維持費が嵩《かさ》んだことから、少額（1枚あたり1ドル～数ドル）の代金を取って写真の提供者に金銭を還元するビジネスに切り替え、成功を収めた。今では登録会員数が700万人以上、イメージファイル数も1000万個に達し、週ごとに約190万ドルをフォトグラファーへの支払いに充てている。

実はその前、1990年代にロイヤリティフリーのサービスが登場したときにも、クライン氏は「そのモデルを自社のサービスに組み込むかどうかで迷いました」と語る。

結局、ゲッティ イメージズはどちらのケースでも、何が顧客にとっての利益になるかを考え、アイストックフォトや、ロイヤリティフリービジネスで成長したフォトディスクを買収した上で、自らのサービス構造を改革していった。その結果、ゲッティ イメージズという大きなブランドの傘の下に、顧客の多彩なニーズや予算に応じた各種のサービスを用意できるようになった。

６００名の営業スタッフがさまざまな要望に応えるメインのサービスと、ｅコマースだけで提供されるアイストックフォトでは、当然ながら顧客も異なっている。このことは、両方を利用する顧客が約20％に留まっているという事実からも明らかだ。

ゲッティ イメージズがマイクロストックの考え方を自社のビジネスモデルに組み込んだ結果、それまで年間20万カスタマーに留まっていた顧客数は、一挙に１３０万カスタマーにまで拡大し、そのニーズに合わせた、よりきめ細かいサービスを提供できるようになった。今では、年間に配信される写真の数は３０００万〜４０００万枚に達している。

「私たちは、常にオープンマインドでフレキシブルな考え方をすることが大切だと考えています。そして顧客の声に耳を傾け、より新しく、より優れたサービスのあり方を見つけ出しているのです」（クライン氏）

あなたの写真が世界に配信される日

クリエイティブ・コンテンツを統括するサンダース氏によれば、ストックフォトグラファーから始めて腕を磨き、その作品が評価されて、コマーシャルフォトグラファーとして大成した写真家も数多く存在するという。

「優れたクリエイティブ・フォトに求められる要素は、『それを利用するクライアントのメッセージを明確に伝える』ということにあります。そのためには、オリジナリティや人を惹きつける力と共に、同じテーマに対する新たなアプローチが含まれていることが必須です」（サンダース氏）

何十年と続く広告の歴史において、商品の訴求ポイント一つとっても、類似のものが繰り返し登場し、差別化が図りにくくなっている。その差別化のために優れたビジュアルが果たす役割は大きく、いわば、熟成されたワインを新しい革袋に入れるような効果をもたらすのだ。

「そのために、我々は定期的に市場を調査して、どのようなメッセージやトレンドを写真に込めるべきかを分析し、それに基づいて独自性のある写真を揃えています。業界の中には、そうやって作られたイメージを安易にコピーするところもありますが、それでは常に後ろを追いかけるだけの写真しか得られません」（サンダース氏）

ゲッティ イメージズに写真を提供するパートナー企業や写真事務所などは、世界中に300以上もある。加えて最近では、アマチュアやパートタイムフォトグラファーが集う写真共有サイト「フリッカー」の写真も利用するようになった。これも、オリジナリティやメッセージを重視した結果だという。

「フリッカーの写真は、もともと商業的な利用を意識して撮られたものではありません。しかし、中にはとても独創的なアイデアを含んだものもある。我々はクリエイティブ・フォトのエキスパートですから、写真そのものよりも、そこに含まれるメッセージを重視し、それが市場のニーズと合致していれば積極的に採用するのです」（サンダース氏）

同社にはフリッカー専門のキュレーターが１００人おり、彼らの眼鏡にかなった写真はピックアップされてライブラリに加えられ、その数はすでに50万枚を超えている。アマチュアであれ、プロであれ、必要なものは写真とその主題に対する情熱であり、それが満たされていれば、家族や風景のスナップであっても、クリエイティブ・フォトとしての価値があるのだ。

インドに住むあるフリッカーユーザーは、このシステムによって、一枚の写真から数千ドルの利益を得たそうである。インターネットによるグローバルなコミュニティの誕生は、過去には考えられなかった変化をもたらす、ということの好例であろう。

サンダース氏は、今後、スマートフォンなどのモバイルデバイスで撮影された写真の重要性が増してくると考えている。それはクリエイティブ・フォトの分野だけでなく、突発的なニュースやセレブの目撃写真といったエディトリアル分野も含まれる。その意味では、今、これを読んでいるあなたの写真も、世界中に配信される日が来ないとも限らないのだ。

「人類の宝」と言える写真と映像のコレクション

ゲッティ イメージズにとって、エディトリアル・フォトも重要なビジネスとなっている。120名に及ぶスタッフフォトグラファーを擁し、彼らの過去の受賞歴を合計すると、ピューリッツァー賞のノミネーションを含めて500以上に上る。たとえば、報道写真の頂点とも言える「ワールドプレスフォト」の2006年の大賞受賞者であるスペンサー・プラットも、ゲッティ イメージズのライブラリに貢献している一人だ。

エディトリアル部門のトップであるミュレル氏も、イギリスとその旧植民地圏で絶大な人気を誇るスポーツ、クリケットのフォトグラファーとしての経歴を持つ。特にスポーツ報道においては、そうした専門性が非常に重要になるという。

「スポーツフォトグラファーは、対象となるスポーツのルールはもちろん、個々のプレーヤーや運営組織、各地の競技場まで知り尽くしていなければ、本当に素晴らしい写真を撮ることができません。現場に行って、カメラを構え、シャッターを切るだけでは駄目なのです」（ミュレル氏）

エディトリアル部門では、主に世界中の雑誌社、新聞社、オンラインニュースサイトなどにビジュアルを提供しているが、第4章で取り上げたアシックスをはじめ、アディダスやナイキを含むスポーツ用品メーカーとも契約を結んでいる。ＦＩＦＡやＩＯＣといった各種スポーツの運営母体とも太いパイプを持っている。

またエディトリアル・フォトは、ゲッティ イメージズ自体のブランディングにとっても重要な役割を果たしている。なぜなら、クリエイティブ・フォトであれば、その性質上、ゲッティ イメージズの名前が表に出ることはほとんどないが、エディトリアル・フォトには必ずゲッティ イメージズのクレジットが載るためだ。ちなみに同社傘下で、歴史的な写真やプリントを数多く収蔵するハルトン・アーカイブから貸し出される写真にも、やはりゲッティ イメージズのクレジットが入っている。そして、その中から選ばれた写真は、ロンドンのオックスフォードストリート近くの同社専属「ゲッティ イメージズギャラリー」で、展示や販売が行われる。

「今は各国で、国際的なニュースやスポーツの写真をゲッティ イメージズから手配する傾向にありますが、今後は国別のエディトリアルにも力を入れていきたいと考えています」（ミュレル氏）

ちなみに、ロンドンにあるハルトン・アーカイブは、20世紀前半にイギリスで「出版王」と呼ばれたエドワード・ハルトン卿によって設立され、ゲッティ イメージズが取得する以前はＢＢＣ（英国放送協会）が管理していた。筆者も担当副社長のマシュー・バトソン氏とキュレーターのサラ・マクドナルド氏の案内で見学したが、１５００のコレクションから成る約３０００万枚の写真と計３万時間に及ぶ映像は、まさに「人類の宝」とも言える内容で、そのスケールも質も

3000万枚の写真と3万時間の映像を持つロンドンのハルトン・アーカイブ

圧巻というにふさわしいものであった（上の写真参照）。

さらにゲッティ イメージズでは、先に触れたロボットカメラなどの新技術の導入にも熱心に取り組み、数億ピクセルで構成される超高解像度写真の「ギガピクセル」（http://tinyurl.com/9rf8dch）や、再生中の動画内で自由に周囲を見回すことができる「360ビデオ」（http://tinyurl.com/coe6apa）、迫力のある立体イメージで決定的瞬間を伝える3D（http://tinyurl.com/9npwedh）など、斬新なビジュアル表現にも積極的に挑戦している。

英語には「best of both worlds（異なる二つの価値のいいとこ取りをする）」という表現があるが、ハルトン・アーカイブと先端技術の両方を重要視するゲッティ イメージズには、この言葉がぴたりと当てはまる。

「エディトリアル・フォトには、質の高さはもちろんですが、『深さ』も必要だと考えています。私たちは、一流スターのアサインメントフォトも担当しますし、ハリウッド映画のプロモーション写真も撮っています。また、カンヌ映画祭には60名のスタッフを送り込み、アカデミー賞やサンダンス映画祭、著名人のパーティなどももちろんカバーします。

スポーツと同じで、ここでも『来た、見た、撮った』は通用しません。さまざまなコネクションの中で、知識と信頼関係を持って撮影することが大切なのです」（ミュレル氏）

企業も「ビジュアル資産」を世界に発信すべし

ビジュアルによるブランディングに関して、本書では主に、企業がストックフォトの写真を利用する視点から書いてきたが、写真家の例と同じく、サービスを介して企業が自ら持つ写真を配信するという利用法もある。そして、ユーチューブなどで見かける「バイラルビデオ」（口コミやソーシャルネットワークを通じて広がりやすい、伝染性のある内容の映像）のように、意外性やストーリー性を持つイメージの中に製品を配したものであれば、それをブランディングに役立てることもできる。前出の島本氏は、

「日本のコンテンツホルダーは、権利を守ることを重視し過ぎて、せっかくのビジネス拡大の機会を見逃しています」

と語る。

たとえば、ＷＢＣ（ワールド・ベースボール・クラシック）への参加問題で、日本野球機構との交渉が難航したＭＬＢ（アメリカ大リーグ）は、その一件からもわかるように、自らの権利を主張して守ることにかけても超一流の団体だ。そのＭＬＢですら、一度は選手や試合に関わる写真類の管理と配信を自ら行おうとしたが、思うようにならず、最終的にはゲッティ イメージズに委託することでビジネスを軌道に乗せたという経緯がある。

日本の企業も自社のビジュアル資産の価値を見直し、世界に向けて発信してみてはどうだろうか？　自社に関してどのようなイメージに需要があるのかを知ることは、自分たちが企業価値をアピールする上で、どんなイメージを用いるべきかを理解することにもつながる。

利用者が発信者にもなれるネット社会の双方向性は、消費者やクリエーターのみならず、企業のビジュアルブランディングにとっても有効に機能するのだ。

新しい提案を理解できない日本の上司たち

社会経済のシステムや生産性に関する調査研究を行っている公益財団法人「日本生産性本部」は、１９６９年度以来、毎年６月に、企業の新入社員を対象とした「働くことの意識」調査を続けてきた。

今から40年ほど前の1971年度には、働きたい会社を選ぶ動機の第1位は、27%の支持率で「会社の将来性」だった。それが最近では、11年連続で10%前後かそれ以下となっている。ここ数年のトップは「自分の能力、個性が活かせるから」だ。それも最新の2012年度のデータでは、過去最高の37%を記録している。

しかし、現実にはどうだろうか？　日本企業は、対外的には「個性を活かす人事と経営」などを謳《うた》いながら、現実には旧態依然としたやり方を踏襲しているところも多い。この乖離《かいり》が、若年性うつ病や早期退職の増加につながっているという見方も有力だ。

筆者は企業向けセミナーにおいて、アップル社の仕事の進め方や企画の立て方、製品開発の方法などに関するプレゼンテーションを行うことがある。すると休憩時間などに、一流家電メーカーやコンピューターメーカーの方から、こう言われることがある。

「現場では、アップルと同じようなことを考えて提案しているんです。しかし、上司や上層部の理解がない」

この「理解がない」ということが、すべての状況を検討して見極めた上で、現場の勇み足を抑えた結果であれば、まだよい。反対に、部下の提案を「理解できない」ので、とりあえず否定するしかなかったというのでは、目も当てられない。だが、セミナー参加者たちの口ぶりから感じられるのは、実態はまぎれもなく後者であるということだ。

日本経済新聞社でマルチメディア局企画開発部長や日経メディアラボ所長を歴任し、慶應義塾大学大学院政策・メディア研究科特別研究教授を経て、現在は総務省・地域情報化アドバイザーなどを務めている坪田知己氏という方がいる。坪田氏は1985年、日本経済新聞の一面に掲載された「21世紀企業」という連載記事取材班のキャップを務め、21世紀の企業のあり方は「社員の個性を生かすことにある」と結論づけた。しかし、実際に21世紀になってからも「そのような方向に企業は変わらなかった」と嘆き、「人間を道具として見る」「隷属型」の企業形態が今も続いていることに警鐘を鳴らしている。そして坪田氏は『リーダーシップの神髄』(マックス・デプリー著)という書籍を引き合いに出して、「人間全体の可能性を引き出すことが経営の神髄」であると説く。

坪田氏の指摘と、先の一流メーカー社員たちの嘆きを併せて考えると、個性的な人材は育ちつつあるものの、それを許容する組織は日本にまだ育っていないと考えるべきだろう。

瞬間ごとに新しい「解」を見つけ続けよ

シェル石油がブランディングガイドラインを社内徹底させて組織の意識改革を促したように、あるいは、アシックスがグローバルブランディングのために大掛かりな組織の再編成を行ったように、組織のあり方は、そのままブランドとして表に現れてしまう。

ストックフォトを供給する側のゲッティ イメージズは、社員をパフォーマンス(成果)だけでなく、ビヘイビア（行動）にまで踏み込んで評価するシステムを採り入れている。それは、効率主義一辺倒のワナに陥らないような組織作りをするためだ。

ブランドというものは、前述したレピュテーション、すなわち外部から見た企業の評価と密接に結びつく。企業の社員が外の世界と接触したとき、相手に持たれる印象の積み重ねが、その企業の商品やサービスが提供する価値と同等か、それ以上の影響を持つ。ゲッティ イメージズはその点を考えて、社員のビヘイビアまで評価を行っている。

かつてアメリカのプラグマティズム（実用主義）を日本に紹介した評論家で哲学者の鶴見俊輔氏は、ハーバード大学留学中にヘレン・ケラー女史と会う機会があり、女史から「私は大学でたくさんのことをまなんだが、そのあとたくさん、まなびほぐさなければならなかった」と伝えられたという（表記は原文ママ、資料24）。

「まなびほぐす」というのは“unlearn”の訳なのだが、言い得て妙だ。型通りの何かを与えられたときに、それを一度解体し、再び自らが置かれた状況に合わせて組み上げ直す、というようなニュアンスがある。

プラグマティズムでは、言葉や書物から得られる知識だけに頼らず、行動や経験の実践を通して、その知識を有用なものへ昇華させることを重視する。また、トライアル・アンド・エラー（試行錯誤）の中で、それらの経験を持続的に深化させ、現実の環境をより望ましく改善していくことを目指す。

こうした考え方は、今後の日本企業のブランディングにもそのまま応用することができる。ロゴ、プロモーション、製品、サービス、店舗といった、企業と消費者とのさまざまな接点で常に一貫したユーザー体験を提供するには、ブレのない明確な目標を持ちながら、現実では臨機応変に対応できる柔軟性が求められるからだ。

変化の早い現代の市場では、過去や現在に成功実績のある手法でも、時流にそぐわなくなって不具合や失敗につながることが当然のように発生する。アップル社もバーバリーもそれを経験した。そういった問題を常に速やかに修正しながら、瞬間ごとに正しい解を見つけ続けること。それが、企業が存続するための絶対条件なのだ。

組織をほぐし、発想をほぐし、ブランドをほぐす。そのために、優れたビジュアルを活用して、社内外の、そして消費者とのコミュニケーションをとる——。今、日本企業がブランディング戦争を生き抜くために必要なのは、その実践なのである。

おわりに　個人も企業も「出る杭」が伸びてゆく

10年で世界的ブランドになったサムスン

海外に出かけた際に、空港や繁華街、交通機関など、あらゆる公共の場所で見かけ、最も目立つ広告。それは、韓国のサムスン電子のものだ。

ウォン安の追い風や国策的な税制優遇措置はあるものの、2011年の実績において、サムスン電子の売上高は約11兆5500億円。このほぼ6％に当たる約6700億円がマーケティング費用に充てられているとされ、同社はアフリカや中南米にも着々と足がかりを築きつつある。同年の営業利益は約1兆1400億円であり、日本国内電機大手8社の合計である9622億円を軽く超えている。

ほんの10年余り前まで、ブランド価値がほとんどないに等しかったサムスン電子は、１９９０年代末にグローバルマーケティング室を設け、「サムスン製品がある生活」をイメージさせるビジュアルとロゴを用いて、猛烈な勢いでブランディング活動を開始した。同時に、日本の家電メーカーのデザイナーやエンジニアのヘッドハントも行い、製品自体の質も着々と向上させてきた。

昨今、メーカーによる品質の差がさほどなくなってきているにもかかわらず、サムスンが売り上げに対してこれほどの利益を上げているのはなぜか。それは、ブランド力によって消費者の心を掴み、効率のよい営業活動ができているからである。

アップル社も通ってきた道だが、現代のビジネスでは、優れた製品を作って一般的な広告を打ち、既存の販売ルートを通じて売るだけでは不十分である。強いブランドイメージによって、メディアや消費者に、「この企業の情報を知りたい」「拡散したい」「真っ先に製品やサービスを体験したい」と思わせるような環境を作り上げなくてはならない。

アップル社との訴訟ですら、勝敗にかかわらず、世界各地で社名を知らしめる宣伝効果を意識して行ったと言われるサムスン電子。そのしたたかさを直接真似る必要はないとしても、ビジュアルブランディングの導入を契機に、グローバルでの認知度を大幅に向上させた姿勢は大いに参考にすべきだ。

東大チームがコンテストで敗れた理由

出る杭は打たれる――。これまで日本のビジネス風土は、もっぱらそんな考え方に支配されていた。

言うまでもなく、今後もそういう風潮がまったくなくなることはないだろう。しかし、もはや会社内ではもちろん、国内の企業同士が足を引っ張り合う時代には別れを告げなければならない。出ようとする杭を、むしろどんどん伸ばすくらいの覚悟で質の高いブランディングを推進していかなければ、世界市場では他国に出し抜かれるばかりである。事態はもう、そんな段階まで来ているのだ。

ちょうど本稿を執筆しているときに、筆者は、アジア太平洋放送連合が主催した、大学対抗ロボコン（ロボットコンテスト）の決勝大会をテレビで観る機会があった。人が乗って操縦するロボットと自動操縦ロボットの連係プレーで、最終的にゴール地点の塔から3個のスポンジを取ってバスケットに入れるという競技内容だった。

これに日本代表の東大チームは、コースに引かれた白線を読み取る高度なセンサー技術と強力なモーターを駆使して臨んでいた。正統な攻略法だが、垂直思考の産物と言える。

一方、中国代表の電子科技大学は、わずかでも処理に時間がかかるセンサーを使ったフィードバックを嫌って、車輪の回転数から距離を割り出すコース制御や、自動操縦ロボットの重量を軽くするための風力による走行メカニズムを採用していた。さらに、人が乗るロボットも、人間の操縦でムラが出てミスにつながらないように自動走行にするという、独創的かつ水平思考的な発想で、安定して最速タイムを出せるロボットを開発し、優勝した。

確かに東大チームは、汎用性の高いシステムを作ってはいた。しかし、テスト用の自前のコースと試合場の公式コースの微妙な差を吸収し切れず、決勝トーナメントでベトナムのラクホン大学に敗れた。一方、電子科技大学は、勝利に向けて目的を絞り込んだアプローチを採用し、栄冠を摑んだのである。

ブランディングにも同じことが言える。誰にでも良い顔をする八方美人よりも、個性的でコアバリューにフォーカスし、それを社会の変化に応じて変化させていけるようなブランド。いわば「出る杭」のようなブランドが、結果的には長期にわたってビジネスを牽引していくことになるだろう。

最後に一つ、今、企業の改革の妨げになると言われる「CRAP（クラップ）」の排除について触れておきたい。CRAPとは本来、「不要な物、無駄な物」を意味する英単語だが、これを企業が抱える問題に当てはめて、以下の頭文字だとする解釈がある。

C：コンセンサス（合意）

R：リスク回避の姿勢
A：アナリシス（分析）
P：プロセス（過程）

この4点を排除すべきだというのである。すなわち、

「コンセンサスの形成を待つな」

「リスク回避の方針は捨てよ、リスクは取るからこそ進歩する」

「アナリシスから脱却すべし」

「プロセスでなく結果を重視せよ」

となろうか。


あなたの会社はいかがだろうか。もし、組織にCRAPが満ちているとすれば、取るべき行動は明らかだ。それは、自ら出る杭となって、これらを取り除くべく全力を挙げ、そしてビジュアルブランディングを成功させていくことなのである。

なお、本書は、総合プロデュースを手がけていただいたCMOワールドワイド株式会社のご尽力、ゲッティ イメージズをはじめ取材に快く応じていただいた各社のご協力、そして、版元である講談社の編集担当H氏の励ましがなければ決して実現することはなかった。

末筆になったが、この場を借りてお礼を申し上げておきたい。皆様、本当にありがとうございました。

大谷和利

２０１２年11月

本書の執筆に当たって参考にした主な文献・サイトは以下の通りである。

資料1
K－POPブームのパイオニア「KARA」の日本市場開拓戦略
日本経済新聞オンライン記事（http://www.nikkei.com/article/DGXNASFK1801Q_Y2A110C1000000/)

資料2
ピクトグラム
http://ja.wikipedia.org/wiki/ピクトグラム

資料3
マイクロソフト
「分かり易く、的を得た《（ママ）》提案を行う為の、ビジュアル図解手法」
http://www.microsoft.com/japan/office/previous/xp/suminaka/powerpoint/point/point_con2_1.htm

資料4

世界が驚嘆した識字率世界一の日本

http://www.nipponnosekaiichi.com/mind_culture/literacy_rate.html

資料5

識字率による国順リスト

http://ja.wikipedia.org/wiki/識字率による国順リスト

資料6

「ウォール・ストリート・ジャーナル」２０１２年8月1日付記事

Teen Stores Try Texts as Gr8 Nu Way to Reach Out

http://online.wsj.com/article/fashion_journal.html

資料7

Satisfaction Drivers in Key Content Areas

ノースウェスタン大学　リーダーシップ・インスティテュート

http://www.readership.org/content/drivers.asp

資料8
シンクフォースによる２０１２年世界ブランドランキング
http://www.rankingthebrands.com/The-Brand-Rankings.aspx?rankingID=30

資料9
ダニエル・ヤーギン著『石油の世紀　支配者たちの興亡』（日本放送出版協会）

資料10
ＪＲ東海、新幹線「Ｎ７００Ａ」を公開　６年ぶり新型
日経新聞オンライン記事（http://www.nikkei.com/article/DGXNASDG2100Q_R20C12A8CR0000/）

資料11
5 Reasons IKEA's Australian Recruitment Campaign is Brilliant
http://www.halogensoftware.com/blog/5-reasons-ikea%E2%80%99s-australian-recruitment-campaign-is-brilliant/

資料12

『スティーブ・ジョブズとアップルのＤＮＡ Think different. なぜ彼らは成功したのか?』（マイナビ）

『iPhoneをつくった会社 ケータイ業界を揺るがすアップル社の企業文化』

『iPodをつくった男 スティーブ・ジョブズの現場介入型ビジネス』

『43のキーワードで読み解く ジョブズ流仕事術』

『iPadがつくる未来 1台のタブレット端末から始まるビジネス&ライフスタイル革命』

『アップルの未来 ポスト・ジョブズ時代に革新的な製品は現れるのか!?』

（以上、アスキー新書）

資料13

産業革命

http://ja.wikipedia.org/wiki/産業革命

資料14

bing画像検索「糖朝 箸置き」

http://www.bing.com/images/search?q=糖朝% E3% 80% 80箸置き

資料15
bing画像検索 “IKEA guerilla marketing”
http://www.bing.com/images/search?q=IKEA+guerilla+marketing

資料16
Death by PowerPoint
http://www.slideshare.net/thecroaker/death-by-powerpoint

資料17
ForbesVideo: Kate Middleton In Burberry: Outfitter Targets Millennials Via Facebook
http://www.youtube.com/watch?v=d09_AJpjzd0

資料18
Porsche dealer puts your house in direct marketing material
http://www.creativeguerrillamarketing.com/guerrilla-marketing/porsche-dealer-puts-your-

house-in-direct-marketing-material/

資料19
「気まぐれな消費者」の〝購買行動〟を摑め！
http://www.president.co.jp/pre/backnumber/2010/20100104/13257/topinterview/

資料20
3 Remarketing Email Campaigns to Grow Repeat Customers
http://www.practicalecommerce.com/articles/3213-3-Remarketing-Email-Campaigns-to-Grow-Repeat-Customers

資料21
CASIE GUIDING PRINCIPLES OF INTERACTIVE MEDIA AUDIENCE MEASUREMENT
http://www.uky.edu/Classes/MKT/390/topics/casie.html

資料22
Copyrighting the Eiffel Tower

http://boingboing.net/2005/02/02/copyrighting-the-eif.html

資料23

世界中で一番売れ続けているストックフォトとは

http://news.mynavi.jp/articles/2011/07/15/wgpsfour/index.html

資料24

苅宿俊文・佐伯胖・高木光太郎編『ワークショップと学び1　まなびを学ぶ』（東京大学出版会）

■写真クレジット

8ページ
Pawel Zagrodnik of Poland (white) and Masashi Ebinuma of Japan lay on the mat after their match in the Men's -66 kg Judo on Day two of the London 2012 Olympic Games, London, England, July 29 2012. 149483037, Ian Walton/Getty Images Sport

15ページ
South Korean girl group KARA arrive during the 21st High1 Seoul Music Awards at Olympic gymnasium, Seoul, Sounth Korea, January 19 2012. 137348942, Chung Sung-Jun/Getty Images Entertainment

26ページ
Great Scotland Yard explosion 'The dynamite outrages in Westminster: General view of the damage in Scotland-Yard '. Newspaper report on the bomb attack by the Irish-American group Clan-na-Gael which demolished the detectives 'office Special (Irish) branch Scotland-Yard, London, May 30 1884. 155647849, The British Library/Robana/Hulton Fine Art Collection

44ページ
Shell petrol station sign advertising Unleaded at 89.9 pence per litre, Diesel at 94.9 pence, Gloucestershire, UK, Oct 1 2006. 77417228, Tim Graham/Getty Images News

59ページ
A carpet shaped like a fish hangs on display inside an Ikea store, Brooklyn, New York, U.S, July 22, 2009. 94970059, Bloomberg/Getty Images

64ページ
Apple CEO Steve Jobs speaks during an Apple special event, Cupertino, California, April 8, 2010. 98330292, Justin Sullivan/Getty Imgaes News

80ページ
Marilyn Monroe (1926 - 1962) arriving at the premiere of the film 'There's No Business like Show Business', US. 3224054, M. Garrett/Archive Photos/Getty Imgaes

107ページ
Brad Pitt Self Assignment, Los Angeles, California, October 19, 1989. 76416324, Barry King/Contour by Getty Images

165ページ
Stephan Eberharter of Austria takes a turn en route to a 3rd place, Salt Lake City, Feb 10 2002. 1498398, Zoom Agence/Getty Images Sport

189ページ
BD1233-002, Gandee Vasan/Stone/Getty Images

191ページ
Saori Yoshida of Japan celebrates winning the gold medal over Tonya Lynn Verbeek of Canada in the Women's Freestyle 55 kg Wrestling on Day 13 of the London 2012 Olympic Games, London, August 9 2012. 150050740, Quinn Rooney/Getty Images Sport

200ページ
A man looks through the vast collection of historic photographs in the Hulton Archive, London, May 12 2011. 114730335, Oli Scarff/Getty Images News

大谷 和利（おおたに・かずとし）

テクノロジー・ジャーナリスト、グッドデザインパートナーショップ「アシストオン」創立メンバー兼取締役、NPO法人「MOSA」副会長。

1958年東京都生まれ。スティーブ・ジョブズ、ビル・ゲイツ、スティーブ・ウォズニアックらへのインタビューを含む取材、執筆をはじめ、「AERA」「DIME」「日経コンピュータ」「Mac Fan」「AXIS」「ProductDesign WORLD」などの媒体に数多く寄稿。企業のデザイン部門の取材や、製品企画のコンサルティングなども行う。

著書に『アップルの未来』『iPadがつくる未来』（共にアスキー新書）、『スティーブ・ジョブズとアップルのDNA』（マイナビ）、『電子書籍制作ガイドブック』（インプレスジャパン）などがある。

現代ビジネスブック

成功《せいこう》する会社《かいしゃ》はなぜ「写真《しゃしん》」を大事《だいじ》にするのか
一枚《いちまい》の写真《しゃしん》が企業《きぎょう》の運命《うんめい》を決《き》める

2012年12月10日　第1刷発行

著　者　大谷和利《おおたにかずとし》
発行者　持田克己
発行所　株式会社 講談社
〒112-8001
東京都文京区音羽2-12-21
電話　編集部　03(5395)3762
販売部　03(5395)4415
業務部　03(5395)3613
印刷所　慶昌堂印刷株式会社
製本所　株式会社国宝社

ISBN978-4-06-295202-6

N.D.C.335　220p　20cm

装幀　トサカデザイン（戸倉 巌、小酒保子）